浙江纺织服装职业技术学院 主持

2013/2014 宁波纺织服装产业发展报告

夏春玲 刘霞玲 林建萍 魏明 等 编著

中国纺织出版社

内 容 提 要

本书对 2013 年宁波纺织服装产业运行进行详细描述，总结提炼行业发展特征、捕捉行业动向与创新，提出产业发展建言。全面客观反应宁波纺织服装产业的发展状况、梳理宁波纺织服装业的发展经验和成就，及时探析宁波纺织服装产业的问题，前瞻性地建言宁波纺织服装产业的发展方向。本书包括六大部分：产业发展环境分析、2013 年宁波纺织服装产业运行质量分析、2013 年宁波纺织服装业外贸情况、宁波纺织服装产业脉动与创新、纺织服装技术与生产研发、宁波纺织服装企业文化等内容，以年度跟踪和时政分析的方式，编撰年度发展报告。

本书以翔实资料和一手数据对纺织服装产业相关人士有务实的启发、借鉴意义。

图书在版编目（CIP）数据

2013/2014 宁波纺织服装产业发展报告/夏春玲等编著.
—北京：中国纺织出版社，2014.7
ISBN 978 - 7 - 5180 - 0698 - 4

Ⅰ.①2… Ⅱ.①夏… Ⅲ.①纺织工业—产业发展—研究报告—宁波市—2013 ~ 2014 ②服装工业—产业发展—研究报告—宁波市—2013 ~ 2014 Ⅳ.①F426.8

中国版本图书馆 CIP 数据核字（2014）第 113791 号

策划编辑：华长印 张晓芳 责任编辑：华长印
责任校对：余静雯 责任设计：何 建 责任印制：储志伟

中国纺织出版社出版发行
地址：北京市朝阳区百子湾东里 A407 号楼 邮政编码：100124
销售电话：010—87155894 传真：010—87155801
http://www.c-textilep.com
E-mail:faxing @ c-textilep.com
官方微博 http://weibo.com/2119887771
北京睿特印刷厂印刷 各地新华书店经销
2014 年 7 月第 1 版第 1 次印刷
开本：710×1000 1/16 印张：9
字数：202 千字 定价：88.00 元

《2013/2014 宁波纺织服装产业发展报告》
课题组组成

课题顾问委员会

主　任：陈国强　中国服装协会副会长

中国服装协会产业经济研究所所长

副主任：王梅珍　博士　教授　浙江纺织服装职业技术学院院长

成　员：周安邦　宁波纺织服装行业管理办主任

李如刚　宁波服装协会会长

张晓峰　宁波服装协会秘书长

车小方　宁波服装协会副秘书长

课题研究组：宁波纺织服装产业经济研究所

负责人：夏春玲

成　员：刘霞玲　魏明　林建萍　裘晓雯　张艺

前言

在宁波纺织服装产业进行转型升级的征途中,浙江纺织服装职业技术学院作为宁波唯一一所以纺织服装为行业特色的高等学校,责无旁贷地担当着宁波纺织服装产业发展研究的重任,携手行业同仁为宁波纺织服装产业的发展,提供实证数据分析和前沿理论。近年来,学院在宁波市政府和宁波纺织服装行业管理等部门的大力支持下,积极致力于宁波市纺织服装产业的发展研究,充分发挥学院在纺织服装产业的教学优势和产学研优势,深入行业企业开展调研,自2010年起连续编著完成4本《宁波纺织服装产业发展报告》。

《2013/2014 宁波纺织服装产业发展报告》包括"产业发展环境分析、产业运行质量分析、纺织服装业外贸情况、纺织服装产业脉动与创新、纺织服装技术与生产研发、宁波纺织服装企业文化"六大内容。通过大量的实证数据分析,研究总结宁波纺织服装产业运行特征,发掘宁波市纺织服装产业的发展动向和创新亮点,旨在为产业发展提供实证资讯与有效服务。

《2013/2014 宁波纺织服装产业发展报告》由浙江纺织服装职业技术学院主持,研究顾问团队由行业资深研究专家、行业管理主管人员、行业协会会长、副会长等组成,课题研究成员来自于宁波纺织服装产业经济研究,课题组阵营强大。夏春玲负责研究工作及书稿的全面组织、统稿及修改工作,并完成第二篇中第一部分、第二部分的撰写,第三篇的撰写,第四篇第二部分中(一)、(二)、(三)的撰写;刘霞玲负责第二篇中第三部分的撰写;魏明负责第一篇的撰写,第四篇第三部分的撰写;林建萍负责第五篇的撰写;裘晓雯负责第四篇的第一部分、第二部分中(四)的撰写;张艺负责第六篇的撰写;中国服装协会副会长、中国服装产业经济研究所所长陈国强先生对报告主旨、脉络与结构给予全力指导;浙江纺织服装职业技术学院王梅珍院长对课题在企业调研、专家咨询、文稿质量等环节给予高度关注和倾力支持;在编写过程中,宁波市纺织服装行业管理办公室、宁波市服装协会等机构给予许多帮助;我们参阅了许多资料、案例和研究成果,相关的企业提供了丰富的资料,在此一并表示衷心感谢! 由于编者水平有限,不足之处在所难免,敬请谅解并提出宝贵意见。

课题研究组
2014 年 4 月

— 目录 —

第三篇　2013 年宁波纺织服装业外贸情况

第四篇　宁波纺织服装产业脉动与创新

第五篇　纺织服装技术与生产研发

第六篇　宁波纺织服装企业文化

第一篇

产业发展环境分析

当前,世界经济形势总体朝好的方向发展,但不稳定和不确定因素依然突出,实现世界经济全面复苏仍然面临严峻挑战。中国经济已告别超高速增长期,进入稳中求进、提质增效的中高速增长新阶段。

"十二五"期间,我国纺织工业发展潜力仍然很大。从国际经济形势上看,美、欧、日等经济体仍旧是我国纺织服装的主要出口市场,新兴经济体的需求潜力将进一步释放,这将有利于我国纺织工业开拓多元化市场;从国内经济形势上看,"十二五"时期,我国将全面建设小康社会以顺应各族人民过上更好生活的新期待,国内消费者对纺织品服装消费需求将不断升级,国内市场对纺织工业的发展将提出更高要求。

一、国际经济环境变化分析

进入 2013 年,纺织工业面临的发展形势依然较为复杂,国际市场增长缓慢、内外棉价差过大、生产要素价格上涨等外部压力并未显著减轻。但近年来加快结构调整与转型升级所取得的积极成效继续发挥作用,支撑行业基本实现平稳开局,经济运行态势总体良好。

(一)国际经济尚未走出低迷

2013 年,低迷的国际经济环境尚未远去,欧盟、日本经济的持续低迷以及新兴经济体增速放缓,全球经济金融风险继续加大,贸易保护主义不断抬头,全球经济复苏困难重重。面临着金融危机,外需持续不振,出口压力并未彻底缓解。1~9月,欧盟、日本纺织品服装进口额同比分别下降 0.6% 和 1.5%,从中国进口同比下降 4.7% 和 3.9%;1~10月,美国纺织品服装进口额同比增长 3.8%,从中国进口同比仅增 2.4%;1~10月,限额以上服装鞋帽、针纺织品零售额同比增长 11.9%,增速低于 2012 年同期 5.6%。近期的国际宏观经济及国外市场消费数据表明外需情况并未显著好转,我国纺织行业出口也并不具备持续高增长的外部条件。

(二)生产要素成本压力不减

棉花内外价差仍重压产品成本,依然是影响行业发展的主要因素。由于国际棉花市场供大于求的基本局面并未发生变化,国际棉价仍缺乏回升动力,而国内棉价则在临时收储政策支持下持续高位,导致内外棉价差仍然达到约4500元/吨;加上储备棉出库价格偏高、出库周期长、品质不稳定等因素的影响,目前棉纺企业面临的发展压力仍十分突出。2013年纺织行业国内外棉价差保持在4000~6000元/吨,给纺织企业增加了明显的负担与压力,不少国际订单因国内原料成本偏高而流向了东南亚等地区,一些小微企业不得不因订单不足而关门歇业,非市场化的棉花供应也增加了企业按需采购原料的难度。整体来看,连续3年受国家收储政策影响,2011年10月份以来国内棉价始终高于国外棉价,虽然受外棉价格波动影响价差时有变化,但整体仍呈上升趋势,目前处于阶段性高点。价差的短期变动无法改变在收储和配额制度影响下国内多数无配额棉纺企业成本压力高起的事实。

综上所述,2013年纺织服装行业面临的外部环境总体向好,国际市场虽仍然低迷,但并未显现出明显恶化的趋势,外需环境较上年相对平稳。加之内需市场基本局面依然良好,且随着行业结构调整与转型升级继续推进,各种宏观调控措施落实及市场信心的稳定,纺织服装行业将保持平稳增长。

二、国内经济市场环境分析

从国内形势来看,随着城镇化进程的推进,城乡居民收入稳步增长,这将为中国纺织服装产品内需消费的扩大提供重要的依据基础。随着各项以稳增长、调整结构为主要目标的调控政策的效果显现,国内经济保持平稳增长和内需市场消费能力逐步提高等,这些因素都将有助于中国纺织业的发展。从2013年前三季度看,总体运行好于2012年同期水平,出口、内销、效益增长高于生产增长。分行业看,毛纺、产业用纺织品销售收入增长幅度居前,家纺、服装销售利润率居前,行业整体仍然保持稳定增长。

（一）纺织服装行业增速回落

2013 年是实施"十二五"规划承上启下的重要一年,在"稳增长"的政策基调下,一批重大项目将加快开工和跟进,投资对工业增长的拉动作用将继续显现。受出口低迷影响以及部分领域产能过剩的制约,制造业投资快速回升动力不足。从微观层面看,在市场需求低迷和综合成本上升的双重挤压下,企业盈利水平大幅下降,部分行业还出现了严重亏损,企业投资能力下降,民间资本投入实体经济意愿不足。纺织服装行业面临的形势仍然严峻。受出口萎缩影响,纺织行业生产增速逐季回落。

"十一五"期间,纺织工业增加值年均增速为 12.6%,纤维加工量年均增长为 9%;2012 年,工业增加值增速为 10.5%,纤维加工量增长为 4.6%。2012 年规模以上纺织企业工业增加值同比增长为 10.5%,增速较上年下降 0.2%,纺织行业工业增加值占全国比重为 5.6%,较 2011 年下降 0.07%。其中,布生产 660 亿米,同比增长 11.5%,增速较 2011 年回落 0.1%;化学纤维生产 3811 万吨,同比增长 11.8%,增速较 2011 年回落 2.1%;服装产量 267 亿件,同比增长 6.2%,增速较 2011 年回落 1.9%。

（二）技术升级明显,产业积极寻求创新

以创新应对危机。詹姆斯·穆迪在《第六次浪潮》中说道,经济学家关注市场,科学家关注技术,而真正体系化的创新是将目光投向将两者结合起来的制度。纺织服装行业的发展,需要关注的不仅仅是某项产品的创新,而要关注的是怎么样在行业里面形成一种创新的氛围、创新的机制,形成现代纺织工业体系化的竞争优势。2013 年的纺织服装行业遵循以创新缔造纺织服装新优势为主旋律。

科技创新加速支撑行业转型升级。新型材料、信息技术、智能装备、节能减排等领域科技创新活跃,跨行业融合与产业链集成创新,为纺织行业提高生产效率和产品质量、改进和升级产品功能、加快生产模式和经营模式创新提供了保障。据统计,2013 年纺机装备高速高效化,产品开发更加活跃,化纤差别率比 2010 年提高 7%。机器换人速度加快,纺纱、化纤、染整生产控制自动化、连续化实现突破,棉纺万锭用工最好企业达到 20 人以下。按照现价产值计算的劳动生产率 2012 年达到 58 万元,两年年均增长 17.5%,信息技术在生产、管理、营销全产业链集成应用水平大幅提高,棉纺、服装企业两化融合走在全行业前列。

谈到纺织服装最引人注目的创新,电子商务仍旧是不能省略的一笔,电子商务成为最具成长潜力的商业渠道,正在改变纺织企业的生产经营模式。淘宝的"双11"当天整个网络销售突破了所有人的预想。在10分钟之内达到2.5亿元的销售额。"双11"淘宝天猫当日销售达到350亿元,增长83%,前10名品牌中有7家是服装家纺企业,销售均超过亿元。"双11"现象,无疑是一种新商业模式、一种新的消费趋势,与传统实体经济、传统商业理念的一次正面交锋。而这样的创新对于纺织服装跨越困难是一个不容忽视的闪光点。

综上所述,对于纺织服装行业而言,制造业的信息化和自动化,数字经济领域中移动通信、云计算、物联网、多网融合技术,生态文明,资源要素配置方式趋于绿色,创新要素配置的界限逐渐融合等趋势值得关注。可见,纺织服装产业在满足基本功能需求的同时,正借助与IT、战略新兴产业、时尚产业的边界融合,开拓新的应用领域,引发新的、更高层次的消费欲求,提升附加值。

(三)结构调整进程加快,重塑产业优势

在结构调整转型升级的过程中纺织服装行业面对着很多未知的内容,如何在摸索中寻求正确的发展之路,这不仅是企业在实践中需要面对的,也是行业需要思考的。从市场结构看,内需比重持续增加,2012年规模以上纺织企业内销产值占比2010年提高3%,东盟取代日本成为我国纺织品服装第三大出口市场,欧盟、美国、日本传统市场占我国出口份额持续下降。从产业结构看,产业用纺织品占全部纤维加工量比重比2010年提高2个百分。今年1~9月,产业用纺织品销售收入增长16.3%,高出行业平均5%。从区域结构看,2012年中西部地区纺织产值比重达到20.5%,比2010年提高3.5%。从企业结构看,市场资源进一步向优势企业集中,全行业超过百亿企业30多家。

作为现代纺织工业体系化建设,现在正处在一个关键的转型期,同时也是风险高发期,更是战略机遇期。现代纺织服装产业正进入重构工业体系化优势的阶段,产业中的高科技内涵、时尚元素作为行业新特征逐渐呈现。先进的绿色制造技术、品牌经济主导的行业生态、知识密集型的人才布局、公平开放可持续的商业模式是现在新的产业符号,也是纺织工业应该具有的外部形象。同时,我们注意到,2013年纺织服装产业的收购风潮涌动。2013年,广州的骆驼收购线上的小虫米子,以及裂帛和天使之城的合作。纺织服装企业通过重组收购这种新的方式,新的商业

思维、商业逻辑来寻求突破,通过整合内外围的资源实现产业优化。

(四)节能环保形势严峻

国家在淘汰落后生产能力和减少污染物排放总量等方面的要求和标准提高,纺织企业面临资金短缺、技术支撑不足及综合成本增加等多重压力,节能减排水平提升受到制约。特别是处于纺织产业链中间环节的印染企业,受环保问题影响,发展形势更为严峻。纺织企业生存与发展的难度加大,面临的困难和问题需要重点关注。

(五)电商迅猛发展冲击传统产业

电子商务与网络营销作为网络时代技术发展的必然结果,其所具有的增加贸易机会、降低交易成本、简化贸易流程、提高贸易效率的突出优势,已对传统经贸方式和市场营销理论产生了强烈的冲击,成为未来世界经济发展的重要推动力,也成为我国融合新旧经济交错发展,整合传统商贸方式与市场运行机制,转变经济增长方式的重要手段,随着其进一步发展,我国纺织服装业电子商务与网络营销也将会出现以下多种态势。

1. 大电子商务产业链形成

大电子商务产业链的概念由中国 B2B(企业对企业)研究中心于 2009 年首创提出。其内在涵义是指:在我国电子商务产业逐步成长为网络经济的主力军和 B2C 交易在产品质量、品牌知名度、售后服务等核心环节上远较 C2C 平台具有更大竞争优势,而又逐渐取代 C2C(消费者对消费者)成为网购第一主流平台的背景与发展趋势下,一种融合当今中小企业应用电子商务最广泛层面,包括平台、人才、会展、搜索、物流、第三方电子商务、软件、信息化、金融、第三方诚信评估等服务商在内的综合性大电子商务平台的产业生态集群——大电子商务产业链将会应势产生。作为构成电子商务主流交易活动的纺织服装企业、网商、网货及其相应的电子商务与网络营销的战略与策略,势必会因这一新的态势和生态集群的产生而发生新的变化,并在大电子商务产业链的形成与不断演变的发展中,重新探寻自身的新定位与新发展。

2. 国际化进一步发展

目前,中国的电子商务产业在经历了多年由定性模式向创新模式转变的艰苦探索中,已找到适合中国国情的发展之路,具备了开展国际电子商务的环境特征,形成了规模化、有序化、品牌化的网上市场体系,具备了与跨国商家对接的国际支付工具。2006 年 12 月 15 日,中国互联网第一股网盛科技在深圳 A 股上市,阿里巴巴紧随其后在 2007 年 11 月 6 日在港交所上市,成为震撼全国乃至世界的标志性事件。虽然我国大多数纺织服装企业目前都还没有上市的计划,但随着国内创业板的推出和电子商务企业上市热潮的兴起,我国纺织服装企业已走出历史性的一步。中国电子商务产业做大做强的发展决策和电子商务网站的上市步伐,必将会加快我国纺织服装业电子商务与网络营销的国际化进程,随着全球经济的逐步回暖和外贸需求的逐渐复苏,中国纺织服装业电子商务与网络营销的国际化发展已成为必然趋势。

3. 纺织服装的"电商"地位日益突出

在电子商务与网络营销已成为不可逆转的趋势下,我国大多数传统品牌的纺织服装企业,已纷纷尝试在寻求解决网上与网下渠道利益冲突问题的同时,采用不同的电子商务模式来实现网上的多平台经营改进,仅淘宝网目前就有超过 5000 家的传统纺织服装企业通过不同的形式实施了网上直销,而且这一趋势还在进一步扩大。另一方面,由于纺织服装产品是网上购买人数最多、销售额最高的商品,各电子商务网站都把纺织服装产品作为主流商品,既能为其业绩的增长提供新的动力,又能够与原来销售的商品产生协同效应,实现产品的多元化而扩大经营范围,取得规模经济效益。所以,目前淘宝商城、QQ 商城等第三方电子商务平台都把纺织服装作为重点行业进行招商推广,以数码家电产品为主的京东商城、以图书为主的当当网也已发力对纺织服装产品实施网销,就连原来只销售自己品牌纺织服装产品的凡客,也在 2010 年推出了"V + 商城"来销售其他品牌的纺织服装产品。这两方面效应的叠加,使得纺织服装业在加速我国电子商务与网络营销发展中的作用与地位更为突出。

4. "O2O"平台逐步融合

传统纺织服装企业,实施电子商务面临的最大障碍是线上与线下经营模式的"撞车"。不少传统纺织服装企业的网上销售规模都由此受到限制,其经营的产品也均以物美价廉的中低档为主,网店更多的是起到清理库存与换季商品的作用。据资料显示,目前我国服装零售线上与线下的比例在 3.5% ~ 3.7% ,而美国为 18% ,韩国则高达 45% 。因此,同一品牌的网店与实体店,在进货渠道、价格体系、考核体系、管理部门上存在两种不同模式的状况,已成为阻碍我国纺织服装企业做大、做强电子商务与网络营销的重要环节。企业对此的解决办法目前有多种,或三维虚拟试衣,或在线真人试衣,或在区域配送站周边设立产品体验中心等,这虽可在一定程度上弥补客户实际消费体验的不足,但终因技术不成熟或不能完美实现合体性等多方面的原因,并未能从根本上解决"线上"与"线下"的矛盾。因此,随着电子商务服务多元化的发展,以及产业链上下游控制的内在需要,目前已逐渐呈现出线上电子商务平台向线下实体平台扩张的趋势,不少企业已将线下品牌声誉迁移到线上,实现品牌声誉的共享。同时又充分挖掘网络消费群体的价值,通过搭建自己的品牌网络社区,或向其他网络社区的营销渗透,提高对网络消费者的吸引力,以便有效地促进线上与线下良性互动的新型营销体系的形成。

5. 资本日益青睐纺织服装电商

2010 年 10 月 26 日,中国服饰电子商务企业麦考林在纳斯达克正式挂牌交易,标志着我国首家 B2C 电子商务企业成功上市,麦考林跃升为中国 B2C 第一股。其他纺织服装电子商务网站也受到了风险投资的青睐,如凡客获得了 1 亿美元的融资,梦芭莎(Moon Basa)在短短一年内分别获得 2000 万美元和 6000 万美元的两轮融资。此外,一些依托淘宝网成长起来的个人卖家品牌,如七格格、裂帛等,也受到了资本的追捧。资本的进入将对纺织服装电子商务的经营方式产生巨大影响,风险投资非常看重发展速度,纺织服装业高投入、快发展的互联网经营模式将会被更多地注入这些网站中。

未来纺织服装产品的电子商务将会随着全球电子商务市场的发展向着进一步细分化、个性化、精准化的方向演变,自建专业网站将会被更多的纺织服装企业作为网络营销的策略加以运用。电子商务所引发的按需定制式生产、销售和消费的新浪潮,将会进一步促使先天就具有个性化、定制化和特定细分市场特征的纺织服装电子商务得到长足的发展。随着中国网民网上购物潜力的完全释放和更加简单易行购物平台的不断诞生,网上购物的门槛将会越来越低,我国纺织服装业的电子商务与网络营销也仍会继续保持高速发展的态势。

(六)文化创意产业发展提高行业发展质量

纺织服装产业发展到现在,竞争越发的激烈,要在这场战争中取得胜利,技术跟上的同时,少不了的就是创新,不只是产品的创新,还有终端渠道的创新等。国家正在制定一系列支持政策,大力发展文化创意产业、培育研发设计、创意广告咨询等生产性服务业,促进文化创意与制造业融合发展。纺织行业实现制造向创造转型,可以更好利用社会资源,提高制造业两端研发设计、管理营销能力,提高自主品牌的影响力。

值得一提的是,宁波也在创意产业的发展上加大力度。创意设计产业是宁波市重点培育的八大战略性新兴产业之一。根据这一行动计划,从产业发展现实出发,宁波市将以工业设计、广告传媒、建筑装饰设计为重点发展领域,力促电子电器、汽车及零部件、装备制造、医疗器械等工业产品的设计与开发,推动新媒体的广告策划、创意、设计及制作,打造智能化家居、公共空间室内设计等设计集成。宁波市将逐步形成设计系统产业链,提升设计附加值。到2015年,争创2个国家级工业设计中心、50个省市级工业设计中心,建设纺织服装和家电协同创新中心各1个,达到5亿元的装饰设计工程企业10家,达到1亿元的广告传媒企业8家。

综上所述,2013年纺织行业面临的外部环境总体仍好于2012年。国际市场虽仍然低迷,但并未显现出明显恶化的趋势,外需环境较2012年相对平稳;内需市场基本面依然良好,且随着各种宏观调控措施落实及市场信心稳定,内销增长速度仍有稳步提升的空间;纺织行业结构调整与转型升级继续推进,将加强行业发展的内在动力,支撑行业克服外需、原料、成本等各种压力因素。纺织行业经济发展因此也具备继续保持平稳增长、增速逐月逐季提升的内外条件,预计产销、效益增速都将保持稳定增长,增速将高于上年同期水平。

预测在2014年,需求方面,行业需求增速的变化将继续呈现"外升内降"的走势,内需将维持弱势,外需有望弱势复苏;供给方面,未来行业新增产能可控,但下游服装行业仍然面临较大的去库存压力;竞争方面,虽然国内要素成本高企,但短期内纺织行业全球领先的出口竞争力仍将持续,而在电商冲击下短期内服装行业竞争将进一步加剧;成本方面,在库存高企、供应宽松和政策变化的影响下主要原材料棉花价格有望下跌,或带动纺织企业成本压力小幅缓解,而短期内服装行业渠道成本整体仍将呈上升趋势;财务方面,2014年纺织服装行业收入及利润增速或将回落,受益于原材料价格的降低纺织行业利润率或小幅上行,而在渠道成本高企、库存压力较大、电商冲击等因素的影响下,品牌服装行业利润率将承压。总体而言,2014年纺织服装行业需求难以获得大幅提振,但行业总体竞争格局平稳,原材料成本的低位运行有助于支撑行业保持相对平稳的运营状况及景气度。

（七）城市化进程促进纺织服装产业转型升级

中国已经进入以城市型社会为主体的时代，中国的城市人口已经从改革开放之初 1978 年的 1.7 亿人增长到 2012 年的 7.1 亿人，城市化率从 1978 年的 17.9%增加到 2012 年的 52.6%，平均每年的城市化率都在不断地提高。城市化的发展带来了纺织服装企业内部的聚集经济，使其内部专业化分工进一步深化。城市化过程中的各种要素和经济资源向城市的转移和集中，正好满足了工业化的要求，规模化给纺织服装企业带来生产成本的节约和收益的增加，由此促进企业分工的深化和专业化水平的提高，进而促进纺织服装产业的进一步发展。随着城市化水平的提高，纺织服装产业结构趋向高级化、集聚结构合理化，单纯的制造性纺织服装产业向其他地区转移，带来了宁波纺织服装产业向价值链高端挺进的趋势。可以说，城市化进程的加快，促进了城市经济的发展、城市人口素质的提高、技术创新能力的加强以及一系列配套服务体系的完善，为产业在更高层次的集聚创造了条件。

第二篇

2013年宁波纺织服装
产业运行质量分析

　　2013 年在国际竞争加剧、内外棉价差过大;国内经济下行、消费需求不足;环保压力加大、生产成本上升等多重问题的制约下,宁波纺织服装行业总体承载着较大的发展压力,经历复杂多变的形势,在一系列不利影响因素和严峻形势,积极应对和化解各种风险挑战,纺织服装行业表现出较强的内在提升动力,经济运行指标和运行质量均趋向良性态势,全年基本实现了平稳发展。

一、2013 年宁波纺织服装行业运行概况

　　根据宁波市统计局和宁波外经贸局数据,全市 934 家规模以上纺织服装企业累计实现工业总产值 1123.62 亿元,同比上涨 0.79%;工业增加值(现行价格) 244.95 亿元,同比负 1.13%;主营业务收入达到 1082.23 亿元,同比增长 2.01%; 利润总额达到 57.66 亿元,同比增长 5.59%;累计完成出口交货值 397.30 亿元,同比下降 0.47%。2013 年全行业从业人员 244274 人,同比减少 3.83%。从业人员继 2011 年、2012 年持续减少,减少幅度收窄。详见宁波市纺织服装行业规模以上企业主要经济指标(表 2 - 1)。

表 2 - 1　2013 年纺织服装行业规模以上企业主要经济指

指标名称	单位	全年累计	同比(%)
企业单位数	户	934	
资产合计	万元	11691418	2.08
工业总产值	万元	11236246	0.79
工业增加值	万元	2449521	- 1.13
工业销售产值	万元	10821041	0.21
主营业务收入	万元	108223	2.01
主营业务成本	万元	9358039	1.9
利润总额	万元	576633	5.59
出口交货值	万元	3972999	- 0.47

资料来源:宁波市统计局

二、2013年宁波纺织服装产业发展特点

（一）行业整体运行平稳，规模以上企业温和增长

2013年，我国纺织服装出口整体实现平稳较快增长。海关总署数据显示，2013年全国纺织服装去年出口2839.9亿美元，比2012年增长11.4%，其中纺织品出口1069.4亿美元，增长11.7%；服装出口1770.5亿美元，增长11.3%。2013年国内很多服装企业由前几年的高速增长期进入温和增长期，特别是大型服装企业业绩基本无增长，就算增长也在5%以内。2013年，宁波纺织服装行业主要经济运行指标多数增速较2012年有所提升，规模以上企业进入温和增长期。

（二）行业收入小幅增长，盈利能力小幅回升

2013年，宁波纺织服装产业全年营业收入总计1118.22亿元，同比上升1.47%；营业成本总计968.84亿元，同比上升1.23%；销售费用总计32.36亿元，同比上升4.27%；管理费用总计52.90亿元，同比上升7.40%；宁波纺织服装产业的收入小幅增长，销售费用和管理费用上涨的幅度大于收入增长，表明企业依然面临经营管理销售的压力。

从盈利能力来看，2013年纺织服装产业盈利能力整体上升，细分行业看，子行业盈亏共现。纺织业在2012年盈利的基础上有较大上涨，化学纤维制造业在2012年亏损的基础上继续亏损，但亏损幅度减少，而服装业各项盈利能力指标均同比下降，但其净资产利润率依然最高。

从利润方面分析，2013年宁波纺织服装产业的利润总额、利税总额在2012年大幅下滑25.19%和17.47%的情况下出现增长，分别同比增长5.59%和6.54%。

（三）市场结构调整继续，外销转内销成效依然

2013年纺织服装外贸企业调整市场结构、转型国内市场的动作持续。整个行

业内销数据增长,外销数据下降显现着宁波纺织服装企业结构调整成效依然。2013 年,宁波市规模以上企业共实现销售产值 1082.10 亿元,其中实现内销产值 684.80 亿元,内销产值占销售总产值 63.28%,比 2012 年内销产值占销售总产值的 63.03% 略有增加;出口交货值 397.30 亿元,同比下降 0.47%。

(四)科技研发投入加大,自主设计渐显优势

2013 年,宁波市规模以上纺织企业用于科技活动经费支出 99788 万元,同比增加 5.85%,新产品产值同比上升 5.70%;而购置技术成果费用 639 万元,同比下降 41.13%。

随着宁波服装产业重新重视内销市场,重视品牌运营,一大批男装、女装、童装品牌崛起,宁波服装产业正在构建起新的优势。宁波的男装原创品牌有 GY、GXG、魔法风尚、帕加尼、唐狮、博洋、INTREX 等;女装原创品牌有太平鸟时尚女装、SV、ESBACK、德玛纳、乐町、ONE MORE 等;童装品牌有爱法贝、杉杉童装、小虎帕蒂、MQD、芭比乐乐、春芽子等。这些品牌拥有了从设计、生产到线上线下销售的完整产业链,在前端的服装设计和后期的市场销售、形象策划、品牌经营等方面都拥有了人才团队和合作资源。宁波服装产业正逐步确立起自主设计优势(表 2 - 2)。

表 2 - 2　宁波纺织服装企业 2012 ~ 2013 年度获各级各类科技进步奖统计

序号	项目名称	获奖单位	获奖等级
1	hp 全自动电脑横机关键技术研发及产业化	宁波慈星股份有限公司	2013 年度中国纺织工业联合会科学技术奖一等奖 2013 年宁波市科技进步一等奖
2	洗毛用主要功能助剂及品质检测系列仪器的研发	宁波检验检疫科学技术研究院、宁波纺织仪器厂、利华(宁波)羊毛工业有限公司等	2013 年度中国纺织工业联合会科学技术奖三等奖
3	利用废聚酯类纺织品生产涤纶短纤维关键技术研发及产业化	宁波大发化纤有限公司	2012 年度中国纺织工业联合会科学技术奖二等奖 2012 年宁波市科技进步三等奖

续表

序号	项目名称	获奖单位	获奖等级
4	高支纯棉织物 DP 免熨形态记忆功能关键技术研发及产业化	雅戈尔集团股份有限公司	2013 年宁波市科技进步二等奖
5	高效环保洗毛剂、洗毛检控技术装备集成创新及其产业化	宁波检验检疫科学技术研究院、利华（宁波）羊毛工业有限公司、宁波纺织仪器厂等	2013 年宁波市科技进步三等奖

（五）时尚发布活动增加，时尚活跃度上升

随着世界金融危机对经济实体的强烈冲击、海外大牌时尚企业转战内地市场等，让时尚行业的国内竞争环境愈加激烈。为了在竞争中立足，国内时尚企业纷纷开始转型升级，从传统产业向时尚创意产业转型，从传统管理模式向信息化管理模式递进，中国时尚行业正迎来前所未有的发展机遇和挑战。

服装最大特点是引领潮流，它需要展示。在展示过程中表现色彩趋势、展示款式趋势，展示潮流方向。近年来，宁波市通过鼓励创意设计产业发展，鼓励品牌建设和拓展国内市场，建设和丰创意广场、三厂创意街区等多种办法，把宁波打造成国内时尚发布中心城市之一。打造"时尚发布中心城市"已成为宁波众多服装企业的共识。

2013 年第十七届宁波国际服装服饰博览会、中国新锐设计师走进宁波、2014/2015 秋冬流行面料趋势展示、2013 中国服装论坛、中国服装大赏、"海阔宁波"——中国服装年度品牌巡演、中英大学生协同创新原创设计发布会、时尚品牌流行趋势发布、杉杉童装杯首届宁波童模大赛总决赛等主要 40 多项活动，彰显宁波服装引领时尚潮流的实力。时尚发布活动的增加，提升宁波品牌服装的影响力和整个宁波服装的时尚活跃度来说，都是很有促进意义的。宁波成为国内时尚发布中心城市之一渐行渐近。

（六）"网络＋移动商务"变为重要"销售渠道"

服装电子商务在打造产品的知名度，提高消费者对产品的认知度以及建设品

牌的口碑等方面有着得天独厚的优势,尤其是在营销形式愈加多元化发展的今天,消费者对网络营销平台、网络广告的接受度也大大提高,网络营销正作为一种新的生活方式逐渐得到越来越多关注。近年来,宁波市大力加强对服装电子商务的投入,利用电子商务平台强大的市场导向能力和营销能力,推动企业转型升级。服装电子商务这一全新模式使宁波大大提高了宁波服装企业的营销能力,为企业带来了实实在在的利润。2011 年以来,宁波市大力加强对服装行业电子商务的投入,拨出 1240 万元专款扶持,宁波还荣获了 2011 年度"中国服装电子商务最佳示范城市"称号。以博洋、太平鸟、GXG、雅戈尔、杉杉罗蒙等品牌为代表的宁波服装纷纷"触网"。

2013 年的"双 11",博洋集团的服装服饰、家纺品牌创下一天销售 1.2 亿元的纪录,宁波男装品牌 GXG 销售额达 8773 万元,这些都给宁波服装企业极大的启发。从 2007 年抢做电商的"快时尚"企业开始,到 2013 年电商已成了宁波服装界的"流行词",各种类型的服装企业利用网络来获取市场、技术等经济信息。在兴办实体店销售的同时,发展电子商务进行网上销售成为宁波服装不可阻挡的时代潮流。

2014 年 2 月 27 日,"宁波电子商务城"的开城,标志着立足宁波市纺织服装行业创新项目,借助互联网和信息技术,建设"宁波市纺织服装创新云平台",打造"全球领先的纺织服装产业互联网创新中心"的开创了纺织服装电商新局面。

三、2013 年宁波纺织服装产业主要指标分析

2013 年,宁波纺织工业在上年大幅下滑的情况下整体平稳发展,各细分行业发展不均。主要表现在以下方面:

(一)产值与出口整体平稳,细分行业发展不均

根据宁波市统计局数据,2013 年,宁波纺织服装产业 934 家规模以上企业工业总产值和工业销售产值在上年下滑的情况下出现小幅回升,但出口依然不乐观,在

2012年大幅下滑5.94%的基础上小幅下滑0.47%。

　　2012年产值与出口均负增长，出口下滑达近年最大幅度。2012年，宁波纺织服装产业规模以上企业累计实现工业总产值1148.74亿元，同比下降2.13%；累计完成出口交货值401.53亿元，同比下降5.94%，而同期全国工业总产值同比增长12.29%，出口交货值同比增长2.43%。分析纺织、服装和化纤三大行业工业总产值，化纤业出现较大下滑，下降7.28%；分析三大行业出口交货值，三大行业均出现下滑，尤其是化学纤维制造业，下降达24.95%。而2011年化学纤维制造业同比增长48.34%，表现出化纤业发展受外围环境影响波动很大。

　　与2012年比较，2013年宁波纺织服装产业运行仍然趋于整体回落低迷状态。宁波纺织服装产业规模以上企业累计实现工业总产值1123.62亿元，同比上涨0.79%；累计完成出口交货值397.30亿元，同比下降0.47%，变动幅度不大。分析纺织、服装和化纤三大行业工业总产值，纺织、化纤业继上年依然出现下滑，下降幅度趋缓，而服装业继2012年小幅增长基础上增长了2.70%；分析三大行业出口交货值，三大行业发展不均，化学纤维制造业在上年大幅下降24.95%的基础上保持平稳，小幅下滑0.49%；纺织业出口下滑幅度继续放大，继上年下滑6.23%的基础上大幅下滑14.90%；服装业发展情况较好，产值和出口均出现同比增长（表2－3、表2－4、图2－1、表2－5、图2－2、表2－6、图2－3、表2－7、图2－4）。

表2－3　2012～2013年宁波规模以上纺织服装企业产值和出口比较

项目	2012年	2013年	
	同比±（%）	数值（万元）	同比±（%）
工业总产值	－2.13	11236246	0.79
工业销售产值	－1.60	10821041	0.21
出口交货值	－5.94	3972999	－0.47

资料来源：宁波市统计局

表2－4　2013/2012宁波规模以上纺织服装企业数及从业人员数

指标	2012年	2013年	同比（%）
企业单位数（家）	934	934	
其中:纺织业	288	288	

续表

指标	2012 年	2013 年	同比（%）
纺织服装、服饰业	575	575	
化学纤维制造业	71	71	
全部从业人员平均数（人）	253997	244274	−3.83
其中:纺织业	67087	62573	−6.73
纺织服装、服饰业	174759	170712	−2.32
化学纤维制造业	12151	10989	−9.56
企业平均人数	262	272	
资产总计（亿元）	1145.36	1169.14	2.08
负债总计（亿元）	702.21	710.41	1.17

资料来源:宁波市统计局

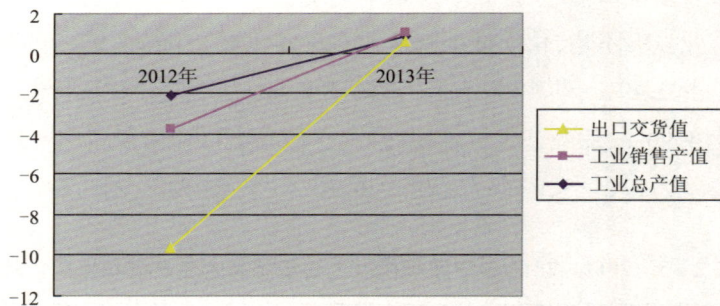

图 2 − 1　2012～2013 年宁波市规模以上纺织产业产值和出口增长率对比

表 2 − 5　2012 年宁波规模以上纺织服装企业产值和出口与全国比较

项目	宁波市		全国
	数值（万元）	同比 ±（%）	同比 ±（%）
工业总产值	11487441	−2.13	12.29
工业销售产值	11122297	−1.60	10.63
出口交货值	4015267	−5.94	2.43

资料来源:宁波市统计局和中国纺织工业发展报告

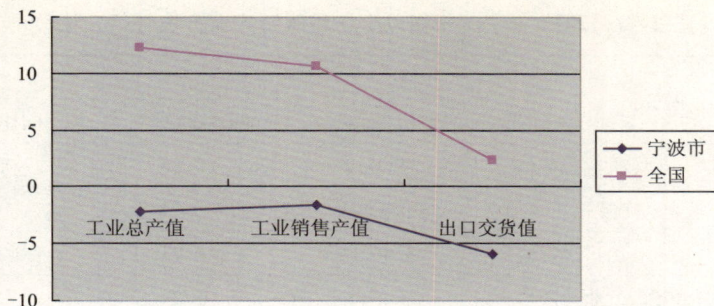

图 2 - 2　2012 年宁波市规模以上纺织产业产值和出口增长率与全国对比

表 2 - 6　2012～2013 年宁波规模以上纺织服装产业产值分行业比较

项目		2012 年	2013 年		
		同比 ±（%）	数值（万元）	同比 ±（%）
纺织业	工业总产值	- 3.36	3516141	- 1.16
	工业销售产值	- 0.04	3394309	- 3.85
	出口交货值	- 6.23	761284	- 14.90
纺织服装、服饰业	工业总产值	0.73	6009056	2.70
	工业销售产值	0.72	5821333	3.40
	出口交货值	- 4.67	3082427	3.87
化学纤维制造业	工业总产值	- 7.28	1711049	- 1.41
	工业销售产值	- 9.59	1605399	- 2.02
	出口交货值	- 24.95	129288	- 0.49

资料来源：宁波市统计局

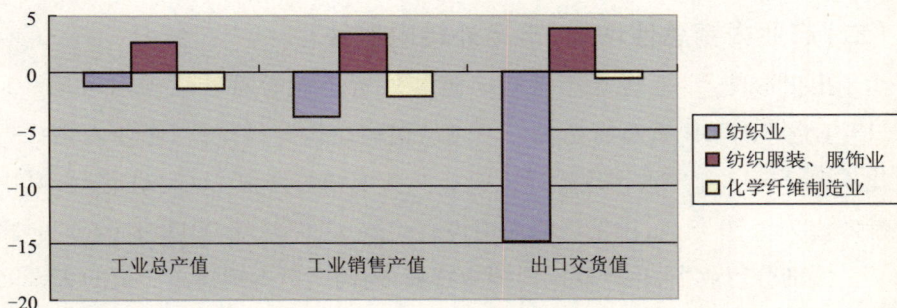

图 2 - 3　2012～2013 年宁波规模以上纺织服装产业产值增长率分行业比较

19

表 2－7　2012 年宁波规模以上纺织服装产业产值分行业比较

项目		宁波市		全国
		数值（万元）	同比 ±（%）	同比 ±（%）
纺织业	工业总产值	3450749	－3.36	13.27
	工业销售产值	3431358	－0.04	10.58
	出口交货值	854661	－6.23	2.54
纺织服装、服饰业	工业总产值	5839763	0.73	12.94
	工业销售产值	5619396	0.72	12.97
	出口交货值	3013388	－4.67	2.26
化学纤维制造业	工业总产值	2196930	－7.28	7.16
	工业销售产值	2071543	－9.59	5.81
	出口交货值	147219	－24.95	4.20

资料来源：宁波市统计局和中国纺织工业发展报告

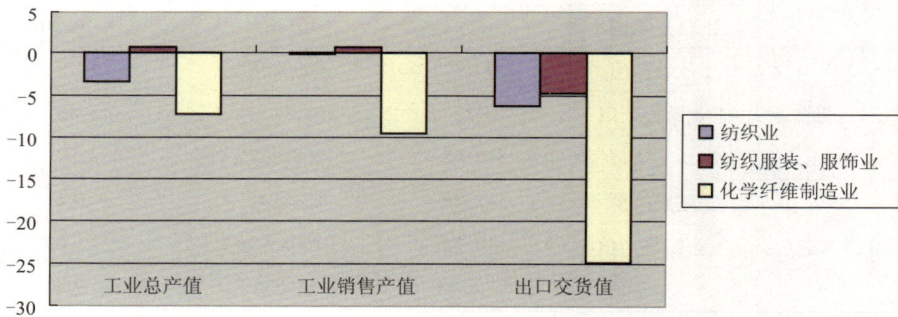

图 2－4　2012 年宁波规模以上纺织服装产业产值增长率分行业比较

（二）产业内销总值增加，市场外转内显效

由于出口形势严峻，近几年来纺织服装外贸企业纷纷转战国内市场。2012年、2013 年企业内销比重略有增加。不过从销售结构分析观察，企业内销比重整体变化不大。2012 年宁波市规模以上企业共实现销售产值 1112.23 亿元，其中实现内销产值 710.70 亿元，内销产值占销售总产值 63.9%，比 2011 年 62.23% 略有增加。三大细分行业中，化纤业以内销为特征，内销产值占销售总产值的 92.89%，纺织服装、服饰业出口超过内销，但 2012 年内销比重也有提高。

2013 年宁波市规模以上企业共实现销售产值 1082.10 亿元，其中实现内销产值 684.80 亿元,内销产值占销售总产值 63.28%,比 2012 年 63.03% 略有增加。三大细分行业中,化纤业以内销为特征,内销产值占销售总产值的 91.95%;纺织业内销比重上升较大,增长了 2.91%;纺织服装、服饰业出口超过内销(表 2-8、图 2-5、表 2-9、图 2-6)。

表 2-8　2012~2013 年宁波市规模以上纺织服装企业内销产值比较

	2012 年		2013 年	
	内销产值(亿元)	内销占销售产值比例(%)	内销产值(亿元)	内销占销售产值比例(%)
纺织业	263.55	74.66	263.30	77.57
纺织服装、服饰业	266.25	47.29	273.89	47.05
化学纤维制造业	150.86	92.07	147.61	91.95
合计	680.66	63.03	684.80	63.28

资料来源:由宁波市统计局数据计算所得

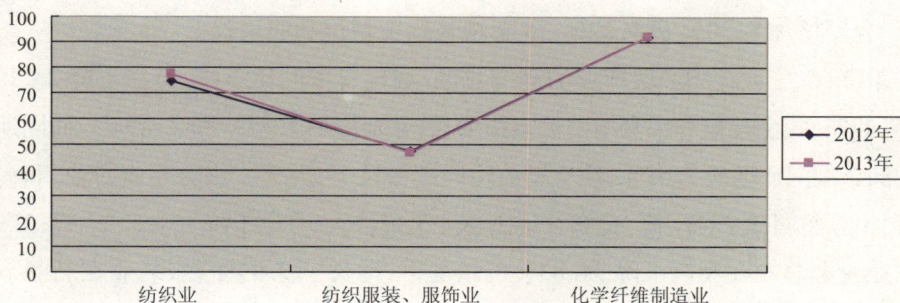

图 2-5　2012~2013 年宁波市规模以上纺织服装企业分行业内销比重图

表 2-9　2011~2012 年宁波市规模以上纺织服装企业内销产值比较

	2011 年		2012 年	
	内销产值(亿元)	内销占销售产值比例(%)	内销产值(亿元)	内销占销售产值比例(%)
纺织业	252.13	73.45	257.67	75.09
纺织服装、服饰业	241.80	43.34	260.60	46.38
化学纤维制造业	209.51	91.44	192.43	92.89
合计	703.44	62.23	710.70	63.9

资料来源:由宁波市统计局数据计算所得

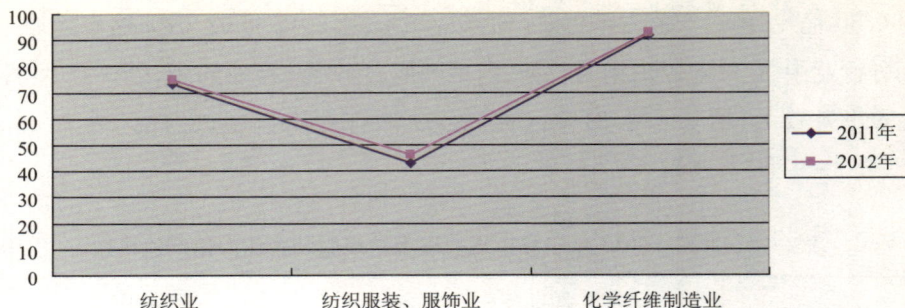

图 2 - 6　2011～2012 年宁波市规模以上纺织服装企业分行业内销比重图

（三）利税利润整体增长，子行业发展不均衡态势加深

与 2012 年利润大幅下滑，税金小幅增长的状况相比，2013 年宁波纺织服装产业的利润总额、利税总额在上年大幅下滑 25.19% 和 17.47% 的情况下出现增长，分别同比增长 5.59% 和 6.54%，税金总额和应交增值税继 2012 年小幅增长的基础上，分别增加 8.30% 和 6.22%，税金增长幅度超过利润增长。

2012 年，宁波纺织服装产业的利润总额、利税总额同比下降，分别下降 25.19% 和 17.47%，税金总额和应交增值税小幅增长，分别增加 1.87% 和 2.43%。而同期全国利润总额同比增长 7.68%，应交增值税同比增长 13.28%。细分三大行业，利润总额、利税总额同比全部下降，化学纤维制造业下降最大，分别下降 111.22%、87.27%；纺织业税金总额在利润下降 34.83% 的情况下，增长了 9.99%；服装业在利润下降 7.84% 的情况下也有小幅增加（表 2 - 10、表 2 - 11、图 2 - 7）。

表 2 - 10　2012 年宁波规模以上纺织服装产业利税与全国比较

项目	宁波市		全国
	数值（万元）	同比 ± （%）	同比 ± （%）
利润总额	538864	- 25.19	7.68
税金总额	293173	1.87	
应交增值税	249818	2.43	13.28
利税总额	832037	- 17.47	

资料来源：宁波市统计局和中国纺织工业发展报告

表 2-11 2012 年宁波规模以上纺织服装产业利税分行业比较

项目		宁波市		全国
		数值(万元)	同比 ±(%)	同比 ±(%)
纺织业	利润总额	170604	−34.83	13.91
	税金总额	107401	9.99	
	应交增值税	91646	8.71	15.00
	利税总额	278005	−22.65	
纺织服装、服饰业	利润总额	374162	−7.84	10.16
	税金总额	170339	1.46	
	应交增值税	144247	2.77	16.05
	利税总额	544501	−5.12	
化学纤维制造业	利润总额	−5902	−111.22	−28.31
	税金总额	15434	−30.70	
	应交增值税	13925	−27.59	−5.56
	利税总额	9532	−87.27	

资料来源:宁波市统计局和中国纺织工业发展报告

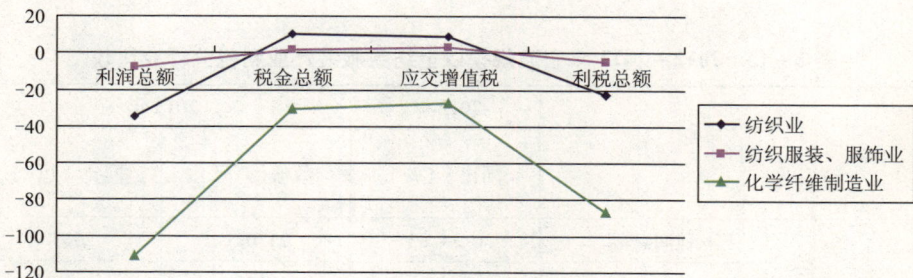

图 2-7 2012 年宁波规模以上纺织服装产业利润与税金增长率分行业比较

2013 年纺织服装三大子行业,化学纤维制造业利润总额、利税总额在去年大幅下滑的情况下,出现低基数大幅增长;纺织业在利润增加25.53%的情况下,税金总额却减少了0.70%,应交增值税减少了2.91%;服装业上年利润总额下降幅度相对较小为7.84%,本年利润继续下滑,下降5.11%,但税金却有较大增长(表2-12、图2-8、表2-13、图2-9)。

表 2 –12　　2012～2013 年宁波规模以上纺织服装产业利税比较

项目	2012 年	2013 年	
	同比 ± (%)	数值(万元)	同比 ± (%)
利润总额	－ 25.19	576633	5.59
税金总额	1.87	317663	8.30
应交增值税	2.43	265377	6.22
利税总额	－ 17.47	894296	6.54

资料来源:宁波市统计局

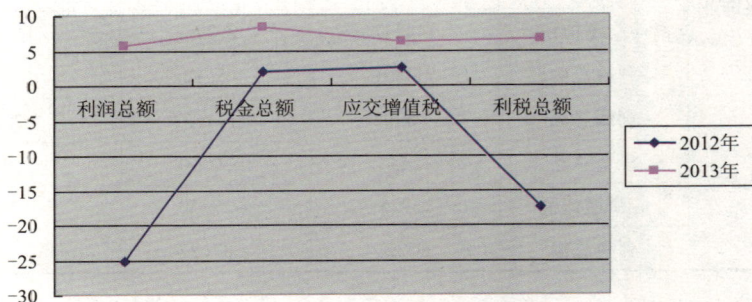

图 2 – 8　　2012～2013 年宁波规模以上纺织服装产业利润与税金增长率比较

表 2 – 13　　2012～2013 年宁波规模以上纺织服装产业利税分行业比较

项目		2012 年	2013 年	
		同比 ± (%)	数值(万元)	同比 ± (%)
纺织业	利润总额	－ 34.83	217071	25.53
	税金总额	9.99	107730	－ 0.70
	应交增值税	8.71	89912	－ 2.91
	利税总额	－ 22.65	324802	15.42
纺织服装、服饰业	利润总额	－ 7.84	363440	－ 5.11
	税金总额	1.46	191762	12.33
	应交增值税	2.77	160058	10.75
	利税总额	－ 5.12	555203	0.27

续表

项目		2012 年	2013 年	
		同比 ±（%）	数值（万元）	同比 ±（%）
化学纤维制造业	利润总额	−111.22	−3879	60.60
	税金总额	−30.70	18171	28.67
	应交增值税	−27.59	15406	21.28
	利税总额	−87.27	14292	234.11

资料来源：宁波市统计局

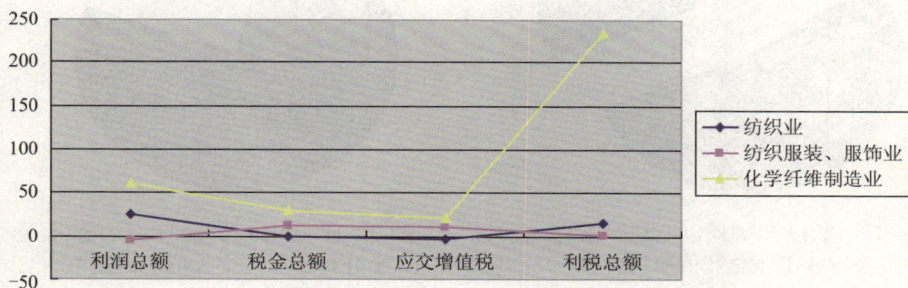

图 2 − 9　2013 年宁波规模以上纺织服装产业利润与税金增长率分行业比较

　　从三大行业的工业总产值、出口交货值和利税额占纺织服装产业的比重，可以从一个侧面反映出三大细分行业的不同表现。

　　纺织服装、服饰业是出口大户。2012 年，其出口交货值占到纺织产业总出口的 75.05%，其获利能力也最高，以占比 50.84% 的工业总产值创造了 65.44% 的利税额和 69.44% 的利润额；化学纤维制造业其产品获利能力最弱，以占比 19.12% 的工业总产值，仅创造了 1.15% 的利税，利润总额出现负数。化学纤维制造业以内贸为主，占比 19.12% 的工业总产值其出口份额仅占 3.67%。

　　2013 年，其出口交货值占到纺织产业总出口的 77.58%；利税获取能力较强，以占比 53.49% 的工业总产值创造了 62.08% 的利税额；化学纤维制造业以内贸为主，占比 15.23% 的工业总产值其出口份额仅占 3.25%。利税获取能力不好，仅创造了 1.6% 的利税和 5.72% 的税金（表 2 − 14、图 2 − 10、图 2 − 11、表 2 − 15、图 2 − 12）。

表 2 – 14   2012 ~ 2013 年规模以上纺织服装细分行业产值所占比重

项目	工业总产值（%）		出口交货值（%）	
	2012 年	2013 年	2012 年	2013 年
纺织业	31.94	31.29	22.41	19.16
纺织服装、服饰业	52.49	53.49	74.34	77.58
化学纤维制造业	15.57	15.23	3.25	3.25

资料来源：宁波市统计局

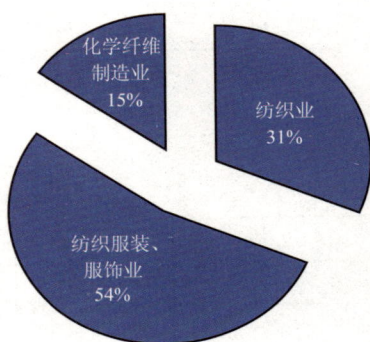

图 2 – 10   2013 年规模以上纺织服装
细分行业工业总产值所占比重

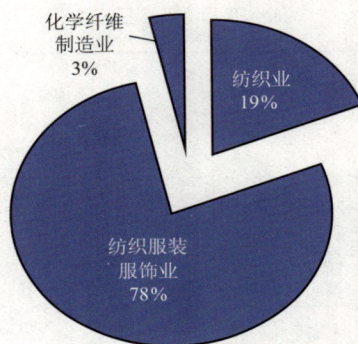

图 2 – 11   2013 年规模以上纺织服装
细分行业出口交货值所占比重

表 2 – 15   2012 ~ 2013 年规模以上纺织服装细分行业利税所占比重

项目	税金总额（%）		利税总额（%）	
	2012 年	2013 年	2012 年	2013 年
纺织业	36.99	33.91	33.53	36.32
纺织服装、服饰业	58.20	60.37	65.97	62.08
化学纤维制造业	4.81	5.72	0.51	1.60

资料来源：宁波市统计局

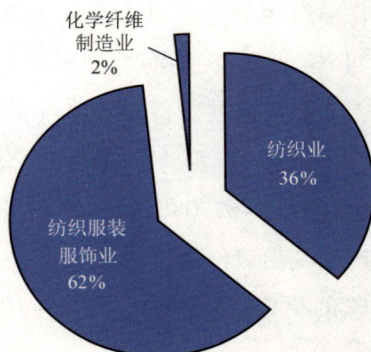

图 2 – 12   2013 年纺织服装细分行业利税总额所占比重

（四）行业亏损面扩大，子行业亏损同比升降有别

2013 年，宁波纺织服装产业亏损面继续增大，宁波市纺织工业整体亏损面 22.27%。2012 年宁波纺织服装产业亏损面持续扩大，三大细分行业亏损面均超全国。2012 年宁波市纺织工业整体亏损面 21.61%，超过浙江省和全国。细分行业看，纺织业亏损面 22.07%，超过全国 11.96%；纺织服装、服饰业亏损面 20.43%，超过全国 12.01%；化学纤维制造业亏损面 30.00%，超过全国 22.72%（表 2－16～表2－18、图 2－13）。

表 2－16　2012 年宁波市规模以上纺织服装化纤企业亏损情况

指标名称	纺织业		纺织服装、服饰业		化学纤维制造业	
	数值	同比 ± （%）	数值	同比 ± （%）	数值	同比 ± （%）
企业单位数（户）	290	0.00	607	0.00	70	0.00
亏损企业数（户）	64	14.29	124	65.33	21	90.91
亏损面（%）	22.07		20.43		30.00	
亏损企业亏损金额 （万元）	315140	63.84	215874	116.72	338576	272.70

资料来源：宁波市统计局

表 2－17　2012 年全国、浙江省、宁波市规模以上纺织企业亏损面比较

指标名称	全国	浙江省	宁波市
亏损面%	12.52	15.31	21.61

资料来源：宁波市统计局和中国纺织工业发展报告

表 2－18　2012 年宁波市纺织工业规模以上纺织企业亏损面%分行业与全国比较

指标名称	纺织业	纺织服装、服饰业	化学纤维制造业
宁波市	22.07	20.43	30.00
全国	11.96	12.01	22.72

资料来源：宁波市统计局和中国纺织工业发展报告

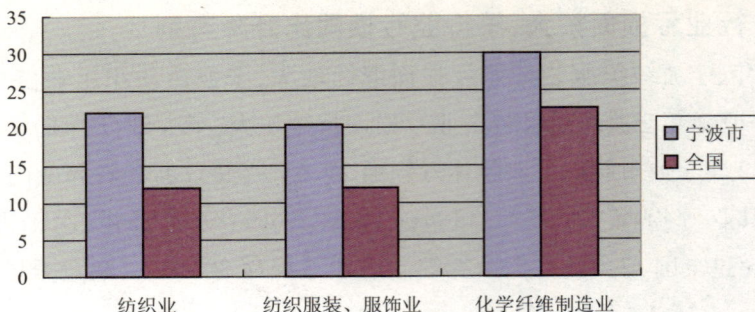

图 2 - 13　2012 年宁波市纺织工业规模以上纺织企业亏损面%分行业与全国比较

　　2013 年,宁波纺织服装产业亏损面继续增大,宁波市纺织工业整体亏损面22.27%。细分行业看,化学纤维制造业亏损面最高达29.58%。同时注意到,虽然纺织业和化学纤维制造业虽然亏损面增大,但控制了 2012 年亏损加重的趋势。亏损金额分别下降了 16.78% 和 26.66%,而纺织服装服饰业亏损金额同比上升28.06%(表 2 -19、表 2 -20、图 2 -14)。

表 2 - 19　2013 年宁波市规模以上纺织服装化纤企业亏损情况

指标名称	纺织业		纺织服装、服饰业		化学纤维制造业	
	数值	同比 ±(%)	数值	同比 ±(%)	数值	同比 ±(%)
企业单位数(户)	288		575		71	
亏损企业数(户)	63	12.50	124	15.89	21	0.00
亏损面(%)	21.88		21.57		29.58	
亏损企业亏损金额(万元)	24528	– 16.78	25779	28.06	23149	–26.66

资料来源:宁波市统计局

表 2 - 20　2012~2013 年宁波纺织工业规模以上企业亏损面分行业比较

指标名称	纺织业	纺织服装、服饰业	化学纤维制造业
	亏损面(%)	亏损面(%)	亏损面(%)
2012 年	19.44	18.61	29.58
2013 年	21.88	21.57	29.58

资料来源:宁波市统计局

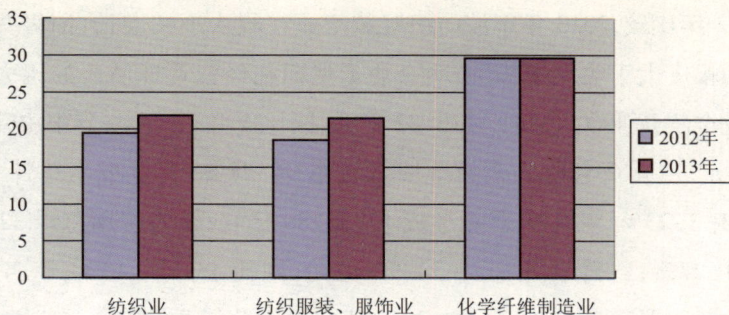

图 2 - 14　2012～2013 年宁波纺织工业规模以上企业亏损面分行业比较

（五）销售与管理费用涨幅大于收入增长

2012 年,宁波纺织服装产业收入下降,而费用增加。在收入下降的情况下,三大期间费用均出现上涨,表明一方面企业面临经营销售的压力,又难以控制成本费用的支出。宁波纺织工业全年营业收入总计 1129.37 亿元,同比下降 5.81%,其中主营业务收入 1091.44 亿元,主营业务收入占营业收入比重 96.64%;营业成本总计 985.17 亿元,同比下降 5.15%,其中主营业务成本 949.51 亿元;销售费用总计 30.91 亿元,同比上升 10.67%;管理费用总计 50.66 亿元,同比上升 5.84%;财务费用总计 18.36 亿元,同比上升 10.07%。比较 2012 年宁波细分行业的成本与费用,发现三大行业成本下降的比率均小于收入下降的比率。纺织业的费用控制相对较好(表 2 -21)。

表 2 - 21　2012 年宁波规模以上纺织企业"三费"与收入成本比较

项目	纺织业		纺织服装、服饰业		化学纤维制造业	
	金额(万元)	同比(%)	金额(万元)	同比(%)	金额(万元)	同比(%)
营业收入	3501376	-9.35	5677710	-1.46	2114645	-10.64
其中:主营业务收入	3314158	-10.36	5560688	-0.64	2039602	-11.63
营业成本	3081612	-8.48	4759273	-1.12	2010786	-8.88
其中:主营业务成本	2903764	-9.93	4651053	-1.11	1940234	-9.90
销售费用	53565	2.76	239707	16.54	15836	-26.35
管理费用	159849	0.62	290838	3.85	55938	40.79
财务费用	53753	-1.52	66499	13.39	63364	18.24

资料来源:宁波市统计局

与 2012 年比较,2013 年宁波纺织服装产业在收入小幅增长,销售费用和管理费用上涨的幅度大于收入增长,表明企业依然面临经营管理销售的压力。宁波纺织服装产业全年营业收入总计 1118.22 亿元,同比上升 1.47%,其中主营业务收入 1082.23 亿元,主营业务收入占营业收入比重 96.78%;营业成本总计 968.84 亿元,同比上升 1.23%,其中主营业务成本 935.80 亿元;销售费用总计 32.36 亿元,同比上升 4.27%;管理费用总计 52.90 亿元,同比上升 7.40%;财务费用总计 18.31 亿元,同比下降 1.24%。比较 2013 年宁波细分行业的收入与成本费用,发现收入的增长系服装业收入增加,纺织业和化学纤维制造业略有下降但服装业成本费用的增长幅度均大于收入增长,纺织业在收入下降情况下销售与管理费用依然有较大增长,表明企业在控制成本与费用方面面临压力(表 2-22)。

表 2-22 2013 年宁波规模以上纺织企业"三费"与收入成本比较

项目	纺织业		纺织服装、服饰业		化学纤维制造业	
	金额(万元)	同比(%)	金额(万元)	同比(%)	金额(万元)	同比(%)
营业收入	3591600	-0.38	5874282	3.33	1716274	-0.79
其中:主营业务收入	3459890	1.18	5801838	4.16	1560558	-3.63
营业成本	3123230	-1.79	4951007	4.22	1614158	-1.55
其中:主营业务成本	3007171	0.14	4885361	5.16	1465507	-4.51
销售费用	58671	6.91	252532	4.37	12435	-8.21
管理费用	180622	11.74	312552	5.94	35801	-0.21
财务费用	53477	-4.41	73252	11.08	56419	-11.24

资料来源:宁波市统计局

(六)注重自主研发,科技投入子行业表现各异

2012 年,宁波市规模以上纺织企业用于科技活动经费支出 11.05 亿元,同比增加 23.99%;购置技术成果费用只有 0.16 亿元,同比下降 46.15%。宁波纺织企业热衷于科技活动,注重自主研发,在工业销售产值下降 1.6% 的情况下,全年共计完成新产品产值 256.23 亿元,同比上升 8.84%。2012 年新产品产值最好是纺织业;科技活动经费支出增长最快的是化学纤维制造业,说明化学纤维制造业在面对严峻的经济形势,加强技术重新和产业执行升级(表 2-23、图 2-15)。

表 2 – 23　2012 年宁波纺织产业固定资产和科技经费支出

项目	纺织业		纺织服装、服饰业		化学纤维制造业	
	金额(万元)	同比(%)	金额(万元)	同比(%)	金额(万元)	同比(%)
土地和固定资产支出	81820	– 24.64	141108	8.21	50376	– 22.77
科技活动经费支出总额	57068	– 0.33	24639	21.13	28764	150.11
购置技术成果费用	278	– 77.37	826	– 41.93	486	61.01
新产品产值	958705	45.13	1294699	– 4.21	308851	– 9.66

资料来源:宁波市统计局

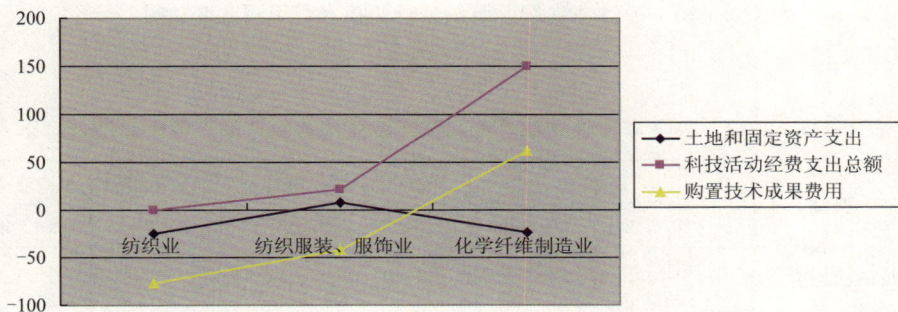

图 2 – 15　2012 年纺织服装细分行业研发与固定资产支出同比变动图

2013 年,宁波市规模以上纺织企业用于科技活动经费支出 99788 万元,同比增加 5.85%;而购置技术成果费用 639 万元,同比下降 41.13%,纺织业和化学纤维制造业全年未购置技术成果。工业销售产值上升 0.21%,而新产品产值同比上升 5.70%,全年共计完成 255.40 亿元。从细分行业看,纺织业科技投入连续两年减少;服装业连续两年大幅增加科技支出,但新产品产值连续两年减少;化学纤维制造业在上年大幅增加科技投入后,2013 年新产品产值大幅增加(表 2 – 24、图 2 – 16、表 2 – 25)。

表 2 – 24　2013 年宁波纺织产业科技经费支出与新产品产值

项目	纺织业		纺织服装、服饰业		化学纤维制造业	
	金额(万元)	同比(%)	金额(万元)	同比(%)	金额(万元)	同比(%)
科技活动经费支出总额	55195	– 3.08	31062	29.55	13531	1.37
购置技术成果费用	0	– 100.00	639	– 22.08	0	– 100.00
新产品产值	896606	– 6.90	1193264	– 6.78	464111	167.94

资料来源:宁波市统计局

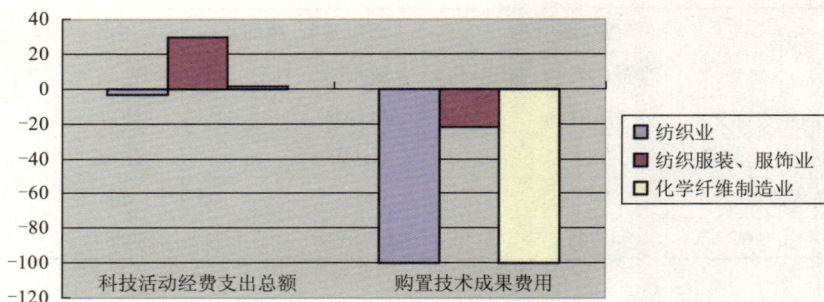

图 2 – 16　2013 年纺织服装细分行业技术费用同比变动图

表 2 – 25　2012～2013 年宁波纺织产业科技经费支出与新产品产值同比增长对比

项目	纺织业		纺织服装、服饰业		化学纤维制造业	
	2012 年	2013 年	2012 年	2013 年	2012 年	2013 年
科技活动经费支出总额同比增长(%)	− 0.33	− 3.08	21.13	29.55	150.11	1.37
购置技术成果费用同比增长(%)	− 77.37	− 100.00	− 41.93	− 22.08	61.01	− 100.00
新产品产值同比增长(%)	45.13	− 6.90	− 4.21	− 6.78	− 9.66	167.94

资料来源:宁波市统计局

(七)利税增长超过资产和收入增长,劳动效率同比上升

　　2013 年,从企业平均经济指标看,宁波纺织服装业除平均出口交货值略有下降外,其他均有所增长,平均利税的增长幅度超过平均资产和平均收入的增长幅度。从人均经济指标看,人均产值、人均利润、人均利税、人均劳动报酬均同比上涨,体现劳动效率同比提高。人均劳动报酬的上涨幅度超过产值上涨幅度(表 2 – 26、图 2 – 17、表 2 – 27、图 2 – 18)。

表 2 - 26　2012 ~ 2013 年宁波规模以上纺织服装产业企业平均经济指标比较

项目	2012 年		2013 年	
	数值(万元)	同比 ±（%）	数值(万元)	同比 ±（%）
企业平均资产总额	12076	6.81	12518	2.08
企业平均工业总产值	11879	- 2.13	12030	0.79
企业平均销售产值	11502	- 1.60	11586	0.21
企业平均出口交货值	4152	- 5.94	4254	- 0.47
企业平均主营业务收入	11287	- 5.92	11587	2.01
企业平均利润总额	557	- 25.19	617	5.59
企业平均税金总额	303	1.87	340	8.30
企业平均利税总额	860	- 17.47	957	6.54

资料来源:宁波市统计局

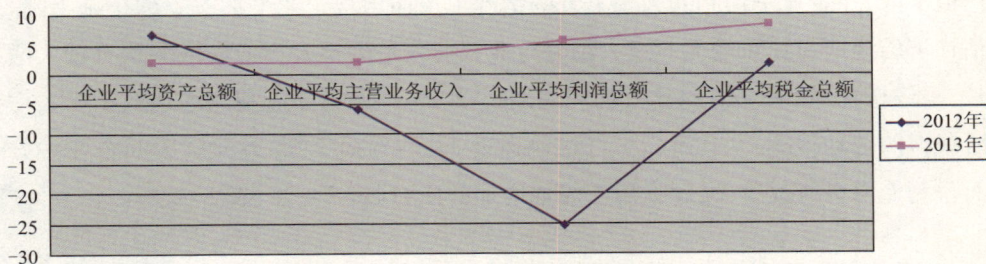

图 2 - 17　2012 ~ 2013 年宁波规模以上纺织产业企业平均经济指标比较

表 2 - 27　2012 ~ 2013 年宁波规模以上纺织产业人均经济指标比较

项目	2012 年		2013 年	
	数值(万元/人)	同比 ±（%）	数值(万元/人)	同比 ±（%）
人均工业总产值	43.31	5.94	46	4.81
人均销售产值	41.93	6.51	44	4.20
人均出口交货值	15.14	1.82	16	3.49
人均主营业务收入	41.15	1.83	44	6.07
人均利润	2.03	- 19.03	2.36	9.80
人均税金	1.11	10.26	1.30	12.61
人均利税	3.14	- 10.67	3.66	10.78
人均劳动报酬	3.72	14.56	4.32	10.93

资料来源:宁波市统计局

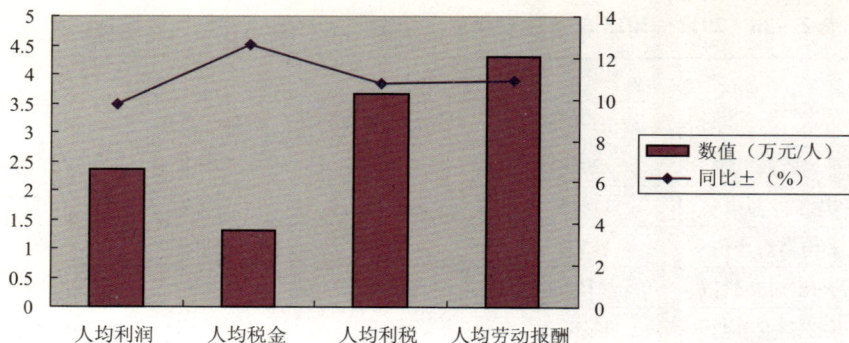

图 2 - 18　2013 年宁波规模以上纺织产业人均经济指标

　　细分行业方面,纺织服装、服饰业企业平均利润出现下降,其他均有较大增长,但化学纤维制造业依然为负值;纺织业在企业平均资产总额上升的情况下出现产值下降,在企业平均利润大幅上升的情况下反而出现企业平均税金的小幅下降,估计流转税所占比重较大。三大细分行业从业人员的年人均劳动报酬均有较大增长,平均增长 10.93%。对比人均利润发现,2013 年人均创造利润均远低于年人均所获得的劳动报酬,尤其是化学纤维制造业,人均亏损 3.53 万元。表明企业一方面盈利能力有待改善,又面临用工成本增加的压力(表 2 - 28、表 2 - 29)。

表 2 - 28　2013 年宁波市规模以上纺织企业分行业企业平均与人均经济指标

指标名称	纺织业		纺织服装、服饰业		化学纤维制造业		合计	
	数值 (万元)	同比 (%)	数值 (万元)	同比 (%)	数值 (万元)	同比 (%)	数值 (万元)	同比 (%)
企业平均资产总额	14659	5.75	9993	- 0.74	24281	3.04	12518	2.08
企业平均工业总产值	12209	- 1.26	10451	2.70	24099	- 1.41	12030	0.79
企业平均销售产值	11786	- 3.85	10124	3.40	22611	- 2.02	11586	0.21
企业平均出口交货值	2643	- 14.90	5361	3.87	1821	- 0.49	4254	- 0.47
企业平均主营业务收入	12014	1.17	10090	4.16	21980	- 3.63	11587	2.01
企业平均利润总额	754	25.53	632	- 5.11	- 55	60.60	617	5.59
企业平均税金总额	374	- 0.70	334	12.33	256	28.67	340	8.30
企业平均利税总额	1128	15.42	966	0.27	201	234.11	957	6.54
人均工业总产值	56	5.87	35	5.13	156	9.02	46	4.81
人均销售产值	54	3.09	34	5.85	146	8.34	44	4.20

续表

指标名称	纺织业		纺织服装、服饰业		化学纤维制造业		合计	
	数值（万元）	同比（%）	数值（万元）	同比（%）	数值（万元）	同比（%）	数值（万元）	同比（%）
人均出口交货值（万元/人）	12	-8.76	18	6.34	12	10.03	16	3.49
人均主营业务收入	55	8.47	34	6.63	142	6.56	44	6.07
人均利润	3.47	34.58	2.13	-2.86	-3.53	56.43	2.36	9.80
人均税金	1.72	6.47	1.12	15.00	1.65	42.28	1.30	12.61
人均利税	5.19	23.75	3.25	2.65	1.30	269.44	3.66	10.78
人均劳动报酬（万元/人）	4.56	14.87	4.25	9.13	4.10	16.29	4.32	10.93

资料来源:根据宁波市统计局数据计算

表 2-29　　2012 年宁波市规模以上纺织企业分行业企业平均与人均经济指标

指标名称	纺织业		纺织服装、服饰业		化学纤维制造业		合计	
	数值（万元）	同比（%）	数值（万元）	同比（%）	数值（万元）	同比（%）	数值（万元）	同比（%）
企业平均资产总额	13469	7.49	9321	5.39	30190	9.48	12076	6.81
企业平均工业总产值	11899	-3.36	9621	0.73	31385	-7.28	11879	-2.13
企业平均销售产值	11832	-0.04	9258	0.72	29593	-9.59	11502	-1.60
企业平均出口交货值	2947	-6.23	4964	-4.67	2103	-24.95	4152	-5.94
企业平均主营业务收入	11428	-10.36	9161	-0.63	29137	-11.62	11287	-5.92
企业平均利润总额	588	-34.83	616	-7.84	-84	-111.22	557	-25.19
企业平均税金总额	370	9.99	281	1.46	220	-30.70	303	1.87
企业平均利税总额	958	-22.65	897	-5.12	136	-87.27	860	-17.47
人均工业总产值	51.83	6.37	31.66	8.39	154.93	0.18	43.31	5.94
人均销售产值	51.54	10.02	30.46	8.38	146.09	-2.31	41.93	6.51
人均出口交货值（万元/人）	12.84	3.21	16.34	2.57	10.38	-18.90	15.14	1.82
人均主营业务收入	49.78	-1.34	30.14	6.92	143.84	-4.51	41.15	1.83
人均利润	2.56	-28.27	2.03	-0.83	-0.42	-112.13	2.03	-19.03

续表

指标名称	纺织业		纺织服装、服饰业		化学纤维制造业		合计	
	数值 （万元）	同比 （%）	数值 （万元）	同比 （%）	数值 （万元）	同比 （%）	数值 （万元）	同比 （%）
人均税金	1.61	21.06	0.92	9.17	1.09	−25.12	1.11	10.26
人均利税	4.17	−14.87	2.95	2.09	0.67	−86.24	3.14	−10.67
人均劳动报酬 （万元/人）	3.84	15.04	3.67	14.46	3.74	13.87	3.72	14.56

资料来源：根据宁波市统计局数据计算取得

（八）盈利能力整体上升，资产周转速度下滑

2013 年，纺织服装产业盈利能力整体上升，细分行业看，纺织业在 2012 年盈利的基础上有较大上涨，化学纤维制造业在 2012 年亏损的基础上继续亏损，但亏损幅度减少，而服装业各项盈利能力指标均同比下降，但其净资产利润率依然最高，达到 15.55%，远高于纺织业的 10.98% 和化学纤维制造业的 −3.77%（表 2 −30、图 2 −19）。

表 2 −30   2012～2013 年宁波市规模以上纺织企业获利指标比较

指标分析		纺织业	纺织服装、 服饰业	化学纤维 制造业	合计
销售利润率 （%）	本年累计	6.04	6.19	−0.23	5.16
	上年同期	4.80	6.74	−0.57	4.96
	同比 ±（%）	26.01	−8.17	60.29	4.06
销售产值利润率 （%）	本年累计	6.40	6.24	−0.24	5.33
	上年同期	4.90	6.80	−0.60	5.06
	同比 ±（%）	30.55	−8.23	59.79	5.38
资产利润率 （%）	本年累计	5.14	6.33	−0.22	4.93
	上年同期	4.33	6.62	−0.59	4.77
	同比 ±（%）	18.70	−4.40	61.76	3.45
净资产利润率 （%）	本年累计	10.98	15.55	−1.42	12.57
	上年同期	9.13	16.83	−3.77	12.32
	同比 ±（%）	20.33	−7.60	62.41	2.01

资料来源：宁波市统计局

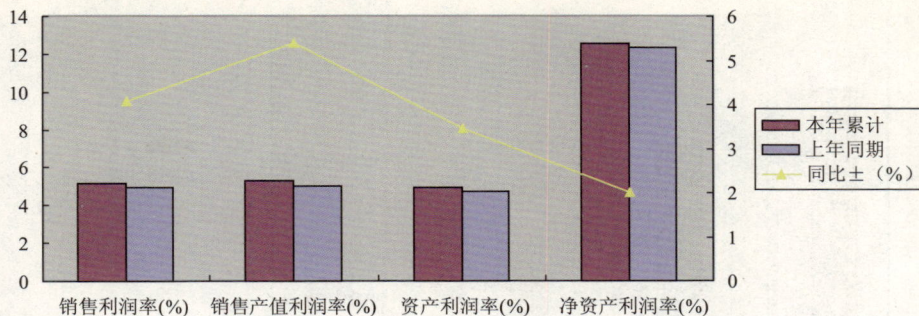

图 2 - 19　2013 年宁波市规模以上纺织企业盈利指标及同比变动

　　分析 2013 年资产经营效率指标,宁波纺织产业应收账款周转率、存货周转率、流动资产周转率和总资产周转率均较上年平均水平低,表明企业运营能力有待进一步改善(表 2 - 31、图 2 - 20)。

表 2 - 31　2013 年宁波市规模以上纺织企业运营指标比较

指标分析		纺织业	纺织服装、服饰业	化学纤维制造业	合计
应收账款周转率	本年累计	5.85	5.47	13.35	6.16
	上年同期	6.24	5.70	17.96	6.75
	同比 ±(%)	-6.26	-4.05	-25.65	-8.81
存货周转率	本年累计	4.38	4.85	5.21	4.74
	上年同期	4.27	5.04	6.57	5.00
	同比 ±(%)	2.50	-3.73	-20.77	-5.21
流动资产周转率	本年累计	1.33	1.40	1.38	1.37
	上年同期	1.44	1.43	1.40	1.43
	同比 ±(%)	-7.94	-2.12	-1.61	-4.08
总资产周转率	本年累计	0.87	1.02	1.01	0.97
	上年同期	0.93	1.03	1.05	1.00
	同比 ±(%)	-5.97	-1.11	-3.76	-3.37

资料来源:宁波市统计局

　　分析 2013 年的偿债能力和资本结构,宁波纺织产业资产负债率同比略有下降,化学纤维制造业资产负债率最高,达84.12%,负债中银行贷款占43.95%。流

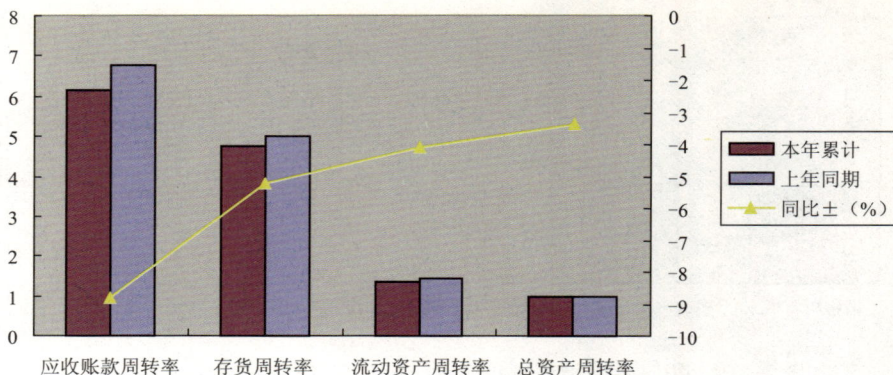

图 2-20 2013 年宁波市规模以上纺织企业运营指标及同比变动

动资产占总资产比重达 70.75%,应收账款和生产成品占流动资产的比重总体变化不大。值得注意的是,化学纤维制造业产成品占流动资产的比重上升了 17.89%,达 15.28%,库存压力增大(表 2-32)。

表 2-32 2013 年宁波市规模以上纺织企业资产结构指标

指标分析		纺织业	纺织服装、服饰业	化学纤维制造业	合计
资产负债率(%)	本年累计	53.18	59.33	84.12	60.76
	上年同期	52.54	60.69	84.39	61.31
	同比增长	1.23	-2.24	-0.32	-0.89
流动资产占总资产比重(%)	本年累计	67.07	72.96	72.37	70.75
	上年同期	64.79	72.59	74.38	70.13
	同比增长	3.52	0.50	-2.70	0.87
应收账款占流动资产比重(%)	本年累计	23.00	25.00	11.11	22.22
	上年同期	22.30	26.18	9.51	22.35
	同比增长	3.11	-4.52	16.82	-0.59
产成品占流动资产比重(%)	本年累计	10.05	12.97	15.28	12.32
	上年同期	9.96	13.41	12.97	12.23
	同比增长	0.90	-3.32	17.89	0.71
银行贷款占负债比重(%)	本年累计	37.92	36.74	43.95	38.58
	上年同期	34.10	32.64	41.03	34.76
	同比增长	11.21	12.57	7.11	11.00

资料来源:宁波市统计局

第三篇

2013年宁波纺织服装业外贸情况

一、宁波纺织服装业外贸概况

据中国海关统计,2013 年,我国纺织品服装累计贸易额 3110.6 亿美元,增长 11.3%,其中,出口 2840.7 亿美元,增长 11.4%,超过年初预期;进口 269.9 亿美元,增长 10.4%,累计顺差 2570.8 亿美元,增长 11.5%。

据宁波外经贸局统计数据,2013 年宁波市实现外贸进出口总额逾 1003.3 亿美元,同比增长 3.9%,其中出口 657.10 亿美元,增长 7.0%,全年保持小幅波动增长;进口 346.19 亿美元,下降 1.4%。2013 年,宁波外贸迎来了一个里程碑。宁波由此成为浙江省第一个、长三角地区第三个外贸总额超千亿美元的城市。

2013 年,宁波市服装、纺织、塑料制品、灯具、家具、鞋类、箱包等七大类日用消费品合计出口 198.84 亿美元,比 2012 年增长 11.4%,超出全市出口平均增速 4.4%,其中各单项商品出口增幅均高于全市平均水平。2013 年,宁波全市服装及衣着附件与纺织纱线、织物及制品出口合计 128.54 亿美元;较 2012 年的服装及衣着附件与纺织纱线、织物及制品出口的 116.6 亿美元,增长 10.24%。

从数据分析显示,欧盟是宁波纺织品和服装的最大进口方,2013 年的前三季度欧盟从宁波进口了 24.8 亿美元的产品,同比增长了 7.6%;第二大进口国是美国,美国从宁波进口了 15.7 亿美元的产品,同比增长了 8%;第三大进口国是日本,日本从宁波进口了 9.7 亿美元的产品,同比增长了 0.2%。

二、宁波纺织服装业外贸特点

（一）出口额下降止跌，增长折返上扬

2013 年，宁波规模以上的纺织服装企业（纺织业、纺织服装、服饰业、化纤业）出口 397.3 亿元，同 2012 年相比为负 0.47%。2013 年全行业出口扭转 2011 年、2012 年下降走势，但其仍在下降通道中，同比增长呈现出下降幅度收窄的迹象（图 3-1）。

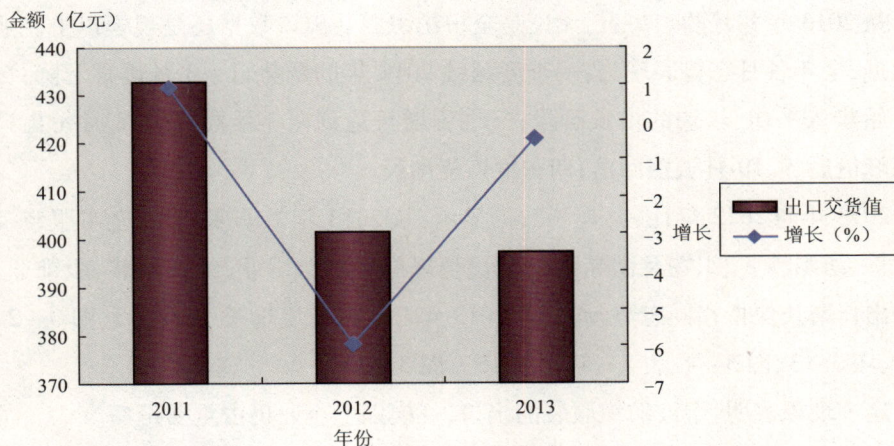

图 3-1　2011~2013 年宁波纺织服装出口走势

进入 2013 年以来，宁波纺织服装出口依然延续面对 2012 年的不利局面。2012 年宁波纺织服装出口在内调经济结构、外需不足等环境下遭遇"寒流"，规模以上纺织服装企业全年出口增长为负 5.94%，成为 2008 年美国金融危机以来，出口增长衰退最为严重的一年（表 3-1）。

表3-1 2013/2012 年宁波规模以上纺织服装子行业出口交货值及增长率

单位(亿元)

年度 行业	2011 年		2012 年		2013 年	
	出口交货值	增长(%)	出口交货值	增长(%)	出口交货值	增长(%)
纺织业	340.44	-1.64	85.4661	-6.23	76.1284	-14.90
纺织服装、服饰业	65.24	1.24	301.3388	-4.67	308.2427	3.87
化纤业	27.05	48.34	14.7219	-24.95	12.9288	-0.49
合计	432.73	0.92	401.5267	-5.94	397.2999	-0.47

2013 年,在劳动力成本上升、内外棉价差高起、人民币汇率连创新高、订单转移等多重不利因素下,宁波纺织服装出口面对严峻挑战。随着世界主要经济体的经济缓慢复苏,外需小幅回升、政府实施稳定外贸增长政策的措施成效持续显现等条件改善,纺织服装出口企业积极举措,宁波纺织服装出口止跌企稳,扭转出口值下降态势。

从 2013 年各月的走势看,无论是全市纺织服装出口数据还是规模以上企业出口数据,全年各月态势表现为:一季度延续 2012 年的颓势,1~3 月逐月下降;二季度开始步入平稳、较快的增长阶段;三季度增长达到全年最高峰值,8 月份出口达最高峰值后,9、10 月振荡回落;四季度恢复增长。

2013 年与 2012 年比较,观测数据显示:从 2013 年二季度开始,全市服装及衣着附件,纺织纱线、织物及制品出口增长与规模以上纺织业、纺织服装、服饰业、化纤业出口增长保持相同态势,均超过 2012 年二至四季度增长(表 3-2、图 3-2、表3-3、图 3-3、图 3-4、表 3-4、图 3-5~图 3-7)。

这一现象表明,宁波纺织服装的出口,规模以上企业仍占重要份额。

表3-2 2013 年 1~12 月宁波市纺织服装商品出口统计 单位(万美元)

月份	商品名称	当月出口	同比(%)	本年累计	比重(%)	同比(%)
1	服装及衣着附件	72893	-8.0	72893	12.9	-8.0
	纺织纱线、织物及制品	38492	5.1	38492	6.8	5.1
2	服装及衣着附件	55002	143.2	127895	12.8	25.6
	纺织纱线、织物及制品	25837	45.9	64330	6.5	18.4
3	服装及衣着附件	37186	-25.2	165069	11.6	8.9
	纺织纱线、织物及制品	28654	-31.0	92966	6.5	-3.0

续表

月份	商品名称	当月出口	同比(%)	本年累计	比重(%)	同比(%)
4	服装及衣着附件	51126	2.3	216184	11.0	7.3
	纺织纱线、织物及制品	39636	1.8	132602	6.7	−1.6
5	服装及衣着附件	62182	0.2	277810	11.0	5.4
	纺织纱线、织物及制品	40243	−9.5	172844	6.8	−3.6
6	服装及衣着附件	79445	8.9	357254	11.5	6.1
	纺织纱线、织物及制品	40983	9.5	213830	6.9	−1.3
7	服装及衣着附件	88595	16.7	445830	12.1	8.1
	纺织纱线、织物及制品	43523	19.7	257367	7.0	1.7
8	服装及衣着附件	90912	16.2	536770	12.5	9.4
	纺织纱线、织物及制品	41490	13.1	298758	6.9	3.1
9	服装及衣着附件	77820	9.2	614475	12.6	9.3
	纺织纱线、织物及制品	38750	7.4	337507	6.9	3.6
10	服装及衣着附件	61272	12.0	675654	12.6	9.6
	纺织纱线、织物及制品	33933	−0.8	371414	6.9	3.2
11	服装及衣着附件	72667	25.6	748264	12.6	10.9
	纺织纱线、织物及制品	40111	25.4	411524	6.9	5.0
12	服装及衣着附件	80827	22.2	829078	12.6	11.9
	纺织纱线、织物及制品	44814	34.2	456308	6.9	7.3

数据来源:宁波外经贸局

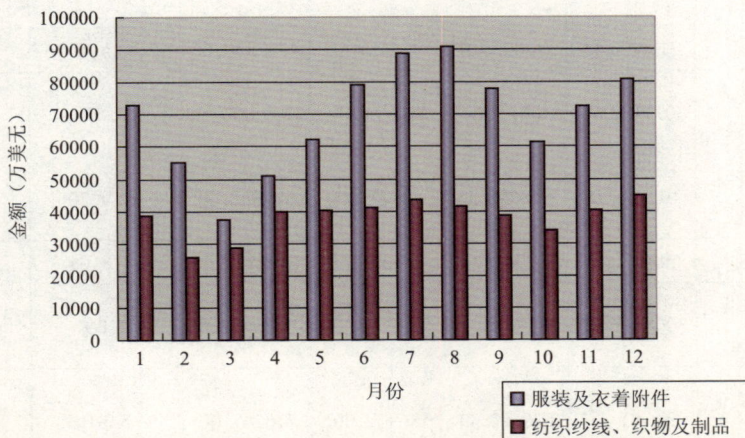

图 3 − 2　2013 年各月份宁波纺织服装分类出口示意图

表3-3　2013年宁波规模以上纺织服装子行业出口交货统计　单位(千元)

月份	行业	本月	本月累计	同月	同月累计	比去年同月增长(%)	比去年同期增长(%)
2	纺织业	485914.08	992029.36	602386.00	1069285.00	-19.34	-7.23
	纺织服装、服饰业	1683866.11	3599599.42	1792786.00	3406791.00	-6.08	5.66
	化学纤维制造业	117942.00	267496.00	205517.00	311647.00	-42.61	-14.17
3	纺织业	537685.04	1530112.54	791811.66	1868457.83	-32.09	-18.11
	纺织服装、服饰业	2273140.39	5877230.65	2201495.00	5607570.00	3.25	4.81
	化学纤维制造业	156209.00	423692.00	169900.00	481547.00	-8.06	-12.01
4	纺织业	738368.93	2292692.36	854783.08	2734071.91	-13.62	-16.14
	纺织服装、服饰业	2286603.69	8169471.34	2213128.00	7815901.00	3.32	4.52
	化学纤维制造业	177285.00	600977.00	207903.00	689450.00	-14.73	-12.83
5	纺织业	775170.79	3067419.44	872238.25	3606310.16	-11.13	-14.94
	纺织服装、服饰业	2437706.56	10613008.87	2287109.00	10076457.00	6.59	5.33
	化学纤维制造业	134420.00	735397.00	207717.00	897167.00	-35.29	-18.03
6	纺织业	713683.43	3728958.02	953469.50	4550339.66	-25.15	-18.05
	纺织服装、服饰业	3017122.22	13661451.09	2805940.00	12895277.00	7.53	5.94
	化学纤维制造业	102832.18	578651.18	127259.00	689332.00	-19.20	-16.06
7	纺织业	691227.58	4420411.48	843365.80	5399429.46	-18.04	-18.13
	纺织服装、服饰业	3008417.15	16650012.14	2949578.00	15858647.00	2.00	4.99
	化学纤维制造业	92040.93	670692.11	86909.00	776241.00	5.91	-13.60

续表

月份	行业	本月	本月累计	同月	同月累计	比去年同月增长（%）	比去年同期增长（%）
8	纺织业	644047.64	5064895.08	758480.25	6157909.71	-15.09	-17.75
	纺织服装、服饰业	2826025.84	19486153.98	2808592.00	18678521.00	0.62	4.32
	化学纤维制造业	97061.48	767726.59	87202.00	863443.00	11.31	-11.09
9	纺织业	663257.74	5728151.82	728738.85	6886658.56	-8.99	-16.82
	纺织服装、服饰业	2795896.99	22049672.96	2765620.30	21222085.30	1.10	3.90
	化学纤维制造业	96225.50	863952.09	95090.00	958533.00	1.19	-9.87
10	纺织业	656723.07	6384873.89	730102.02	7616760.58	-10.05	-16.17
	纺织服装、服饰业	2730326.14	24780513.11	2732336.90	23954423.20	-0.07	3.45
	化学纤维制造业	96143.22	960095.31	97959.00	1056492.00	-1.85	-9.12
11	纺织业	606771.32	6902601.61	689267.19	8218395.77	-11.97	-16.01
	纺织服装、服饰业	2944341.13	27721471.64	2669572.40	26617851.60	10.29	4.15
	化学纤维制造业	116167.71	1134918.02	88071.00	1198998.00	31.90	-5.34
12	纺织业	710240.85	7612843.80	727109.29	8945506.06	-2.32	-14.90
	纺织服装、服饰业	3073319.01	30824272.15	3049822.40	29674791.00	0.77	3.87
	化学纤维制造业	157959.42	1292877.44	100295.00	1299293.00	57.50	-0.49

数据来源：宁波市统计局

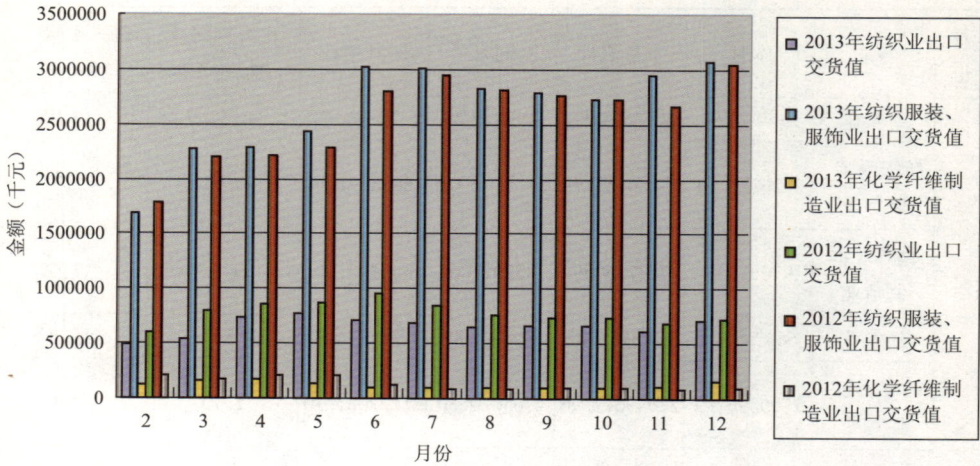

图 3 – 3　2013/2012 年宁波规模以上纺织服装子行业出口交货值月度趋势

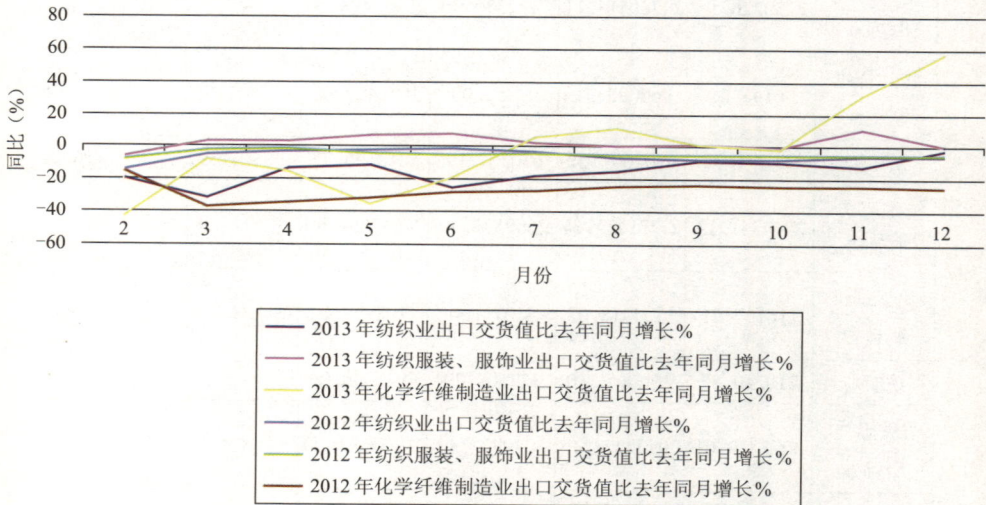

图 3 – 4　2013/2012 年宁波规模以上纺织服装子行业出口交货各月同比对比

表3-4　2012年1~12月宁波市纺织服装商品出口情况

单位(万美元)

月份	商品名称	当月出口	同比(%)	本年累计	比重(%)	同比(%)
1	服装及衣着附件	79235	10.5	79235	14.4	10.5
	纺织纱线、织物及制品	36624	0.6	36624	6.7	0.6
2	服装及衣着附件	22625	-38.0	101868	12.5	-5.8
	纺织纱线、织物及制品	17700	4.0	54323	6.6	1.6
3	服装及衣着附件	49736	29.1	151598	11.4	3.3
	纺织纱线、织物及制品	41583	33.5	95895	7.2	13.4
4	服装及衣着附件	49986	-10.7	201586	10.9	-0.6
	纺织纱线、织物及制品	39167	5.7	135019	7.3	11.0
5	服装及衣着附件	62171	-2.2	263728	10.8	-1.0
	纺织纱线、织物及制品	44478	16.0	179508	7.4	12.2
6	服装及衣着附件	73060	-7.2	336762	11.3	-2.4
	纺织纱线、织物及制品	37440	-0.3	216759	7.3	9.7
7	服装及衣着附件	75944	-13.1	412558	11.7	-4.6
	纺织纱线、织物及制品	36381	-3.9	253167	7.2	7.5
8	服装及衣着附件	78193	-11.4	490735	12.0	-5.8
	纺织纱线、织物及制品	36703	-5.3	289835	7.1	5.7
9	服装及衣着附件	71243	-3.4	561981	12.1	-5.5
	纺织纱线、织物及制品	36122	-2.5	325930	7.0	4.7
10	服装及衣着附件	55080	-1.9	617055	12.0	-5.2
	纺织纱线、织物及制品	34264	0.5	360189	7.0	4.3
11	服装及衣着附件	57860	-7.5	674570	12.0	-5.4
	纺织纱线、织物及制品	32001	-10.1	392184	7.0	3.0
12	服装及衣着附件	66136	-4.5	740706	12.1	-5.3
	纺织纱线、织物及制品	33384	-11.5	425504	6.9	1.6

数据来源:宁波外经贸局

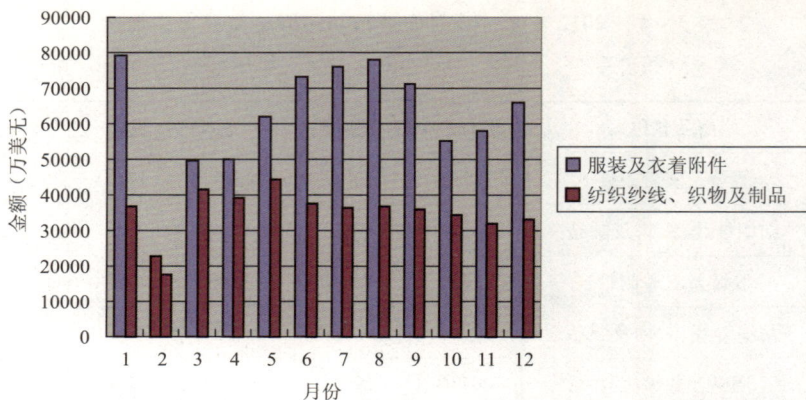

图 3 - 5　2012 年各月宁波市纺织服装分类出口示意图

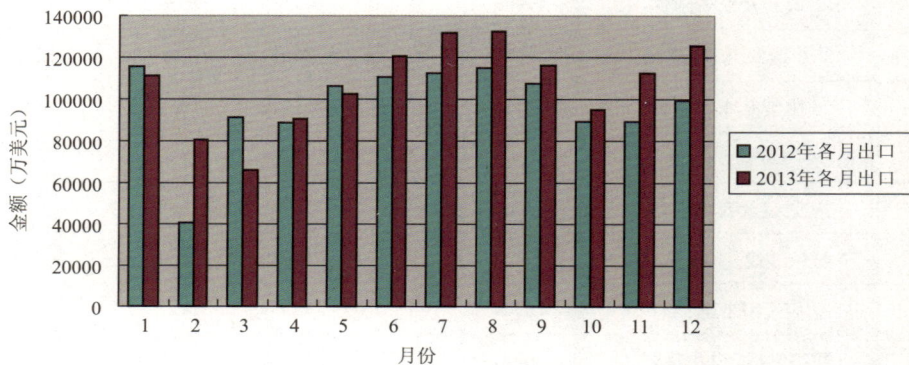

图 3 - 6　2013/2012 年各月宁波纺织服装出口示意图

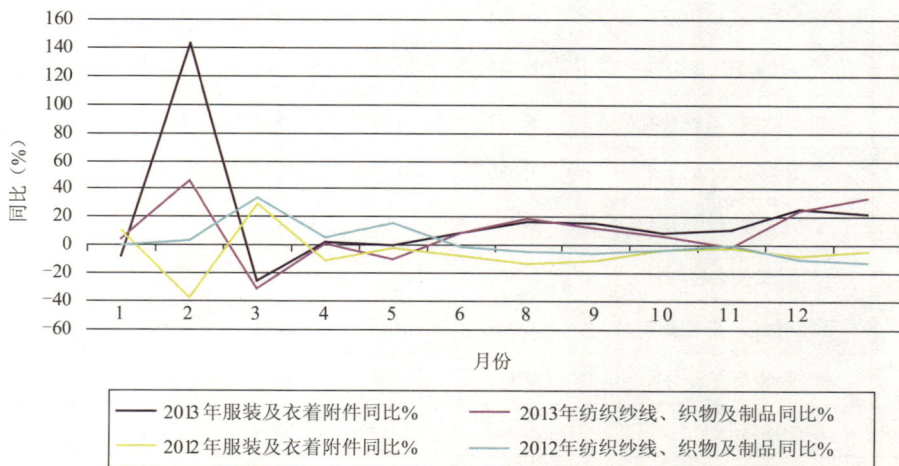

图 3 - 7　2013/2012 年各月宁波纺织服装出口同比走势对比

（二）出口增速放慢，出口依存度下降趋缓

宁波是以外向型经济为主导的城市，外贸依存度最高时曾经达到 130% 以上。近年来，受国际市场低迷、外需不足的影响，宁波出口增速明显放缓。2013 年服装及衣着附件纺织纱线、织物及制品合计出口 128.54 亿美元，较 2012 年的 116.6 亿美元增长 10.24%。

2013 年宁波纺织服装行业出口依存度为 35.4%，与 2012 年持平 34.95%。其中纺织业、纺织服装服饰业、化纤业的出口依存度分别为 21.65%、51.3%、7.56%。

根据国际贸易依存度的理论：贸易依存度高于 100% 的属于高贸易依存度国家；贸易依存度低于 30% 的属于较低贸易依存度国家，一般为发达国家；贸易依存度集中在 30% ~100% 之间的属于中等贸易依存度国家。2012 ~2013 年纺织服装出口依存度在 35 % 左右，一方面表明宁波纺织服装贸易结构，经过资源要素压力、经济结构调整、企业转型升级等方面调整，其产业经济已经归属于中等贸易依存程度类型。另一方面显现出宁波纺织服装产业经济外向性降低（表 3 −5、图 3 −8）。

表 3 −5　2006 ~2013 年宁波规模以上纺织服装业出口依存度（%）

	2006 年	2007 年	2008 年	2009 年	2010 年	2011 年	2012 年	2013 年
纺织业	55.8	52.4	52.9	50.3	52.8	46.13	25.12	21.65
服装业	54.6	58.8	53.0	57.8	43.9	30.9	50.1	51.3
化纤业	8.8	9.45	13.3	8.77	8.0	9.36	7.5	7.56
全行业	46.6	45.8	46.1	45.7	42.6	34.95	34.9	35.4

资料来源：宁波市计局

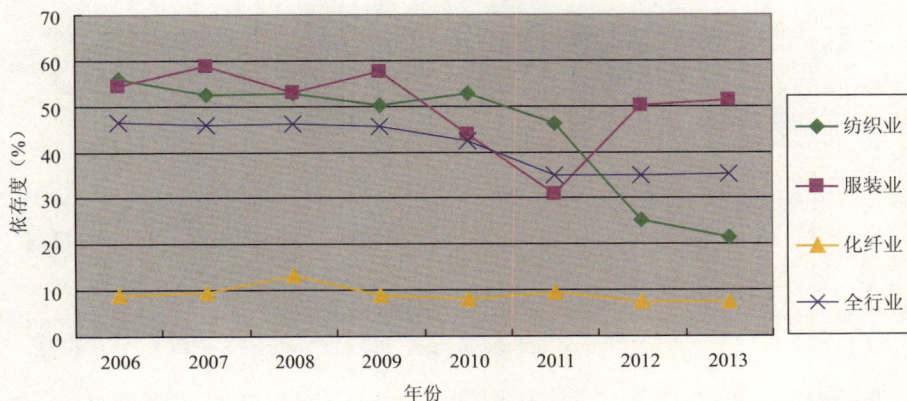

资料来源：宁波市统计局

图 3 −8　2006 ~2013 年期间宁波规模以上纺织服装业出口依存度走势

（三）规模以上企业出口总额继续下降，子行业出口冷暖有别

2013 年，宁波纺织服装业出口交货值 397.3 亿元，同比增长 - 0.47%。其中纺织业出口交货值 76.18 亿元（2012、2013 数据与 2011 年数据变化，主因之一是行业统计口径改变，2012 年开始原来纺织业中的一些企业归集到纺织服装、服饰业之中），与 2012 年相比，同比增长 - 14.90%；纺织服装服饰业出口交货值 308.24 亿元，同比增长 3.87%，化学纤维制造业出口交货值 19.93 亿元，同比增长 - 0.49%。

纺织业出口下降趋势继续，并显出降幅扩大的端倪；纺织服装服饰业出口出现止跌回升折点，但增长仅在个位数上，略显回暖迹象；化学纤维制造业出口继 2012 年大幅下滑后，2013 年仍然萎缩，回暖趋势不确定（表 3 - 6、图 3 - 9、图 3 - 10）。

表 3 - 6　2013/2012 年宁波规模以上纺织服装子行业出口交货值及增长率

单位（亿元）

年度 行业	2011 年		2012 年		2013 年	
	出口交货值	增长（%）	出口交货值	增长（%）	出口交货值	增长（%）
纺织业	340.44	- 1.64	85.4661	- 6.23	76.1284	- 14.90
纺织服装、服饰业	65.24	1.24	301.3388	- 4.67	308.2427	3.87
化纤业	27.05	48.34	14.7219	- 24.95	12.9288	- 0.49
合计	432.73	0.92	401.5267	- 5.94	397.2999	- 0.47

数据来源：宁波市统计局

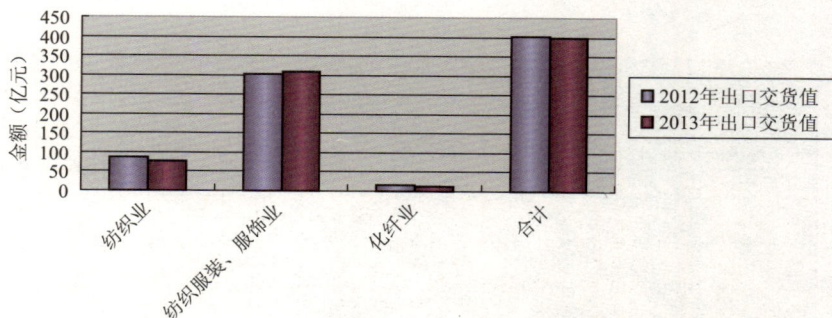

数据来源：宁波市统计局

图 3 - 9　2013/2012 年宁波规模以上纺织服装子行业出口交货值

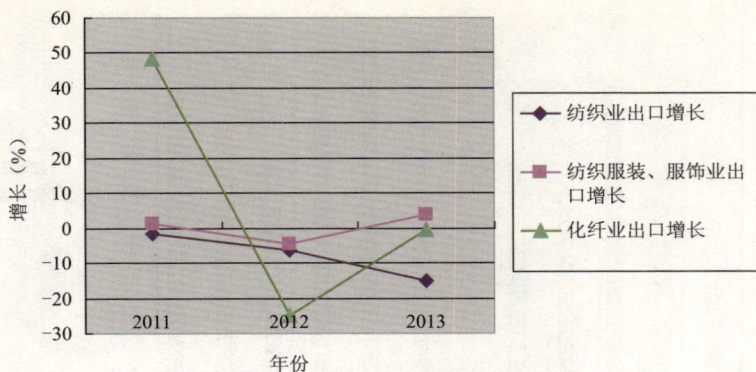

数据来源：宁波市统计局

图 3 - 10　2013/2012 年宁波规模以上纺织服装子行业出口交货增长趋势

（四）进口与出口同比共振

2013 年宁波纺织纱线、织物及制品进口 6.19 亿美元，较 2012 年纺织纱线、织物及制品进口额 5.67 亿美元，增长 9.3%（表 3 - 7、图 3 - 11、表 3 - 8、图 3 - 12 ~ 图 3 - 14）。

表 3 - 7　2012 年宁波纺织服装进口情况　　　　　　　　单位（万美元）

月份	商品名称	当月进口	同比（%）	本年累计	比重（%）	同比（%）
1	纺织纱线、织物及制品	2055	-35.3	2055	0.8	-35.3
2	纺织纱线、织物及制品	3844	72.3	5900	1.0	9.2
3	纺织纱线、织物及制品	5076	77.7	10976	1.2	32.8
4	纺织纱线、织物及制品	4071	27.7	15051	1.3	31.5
5	纺织纱线、织物及制品	4106	6.7	19156	1.3	25.2
6	纺织纱线、织物及制品	4409	16.9	23566	1.4	23.6
7	纺织纱线、织物及制品	6586	69.2	30151	1.5	31.3
8	纺织纱线、织物及制品	6290	93.5	36442	1.6	39.0
9	纺织纱线、织物及制品	5902	82.5	42338	1.6	43.8
10	纺织纱线、织物及制品	4115	37.1	46452	1.6	43.2
11	纺织纱线、织物及制品	4728	40.9	51182	1.6	43.0
12	纺织纱线、织物及制品	5492	80.8	56686	1.6	46.0

数据来源：宁波外经贸局

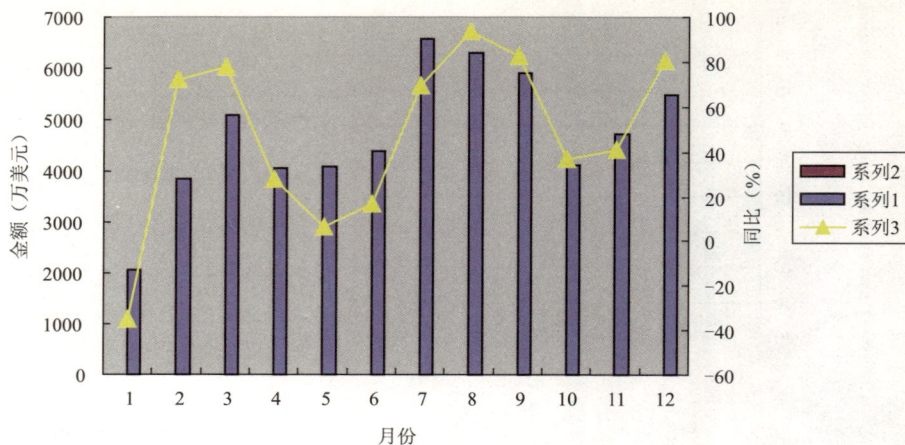

数据来源:宁波市外经贸局

图 3 – 11　2012 年 1 月 ~ 12 月宁波纺织服装进口及同比示意图

表 3 – 8　2013 年宁波纺织服装进口情况　　　　　　单位(万美元)

月份	商品名称	当月进口	同比(%)	本年累计	比重(%)	同比(%)
1	纺织纱线、织物及制品	4508	118.8	4508	1.5	118.8
2	纺织纱线、织物及制品	3036	− 21.0	7544	1.4	27.8
3	纺织纱线、织物及制品	4889	− 3.7	12451	1.5	13.4
4	纺织纱线、织物及制品	4921	20.8	17374	1.5	15.4
5	纺织纱线、织物及制品	5330	29.7	22705	1.6	18.5
6	纺织纱线、织物及制品	5254	19.2	27959	1.6	18.6
7	纺织纱线、织物及制品	6966	5.7	34925	1.7	15.8
8	纺织纱线、织物及制品	5628	− 10.6	40555	1.8	11.3
9	纺织纱线、织物及制品	5657	− 4.2	46212	1.8	9.1
10	纺织纱线、织物及制品	5697	38.3	51909	1.8	11.7
11	纺织纱线、织物及制品	4892	3.5	56801	1.8	10.9
12	纺织纱线、织物及制品	5139	− 6.7	61943	1.8	9.2

数据来源:宁波外经贸局

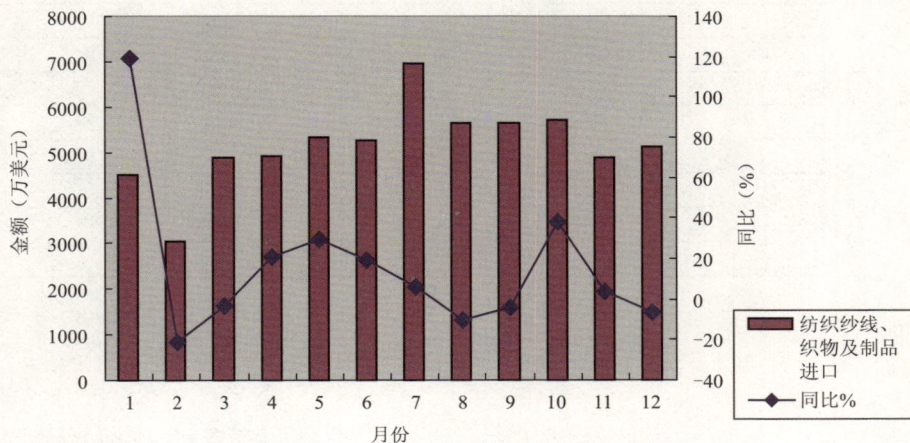

图 3 - 12　2013 年 1 月 ~ 12 月宁波纺织服装进口及同比示意图

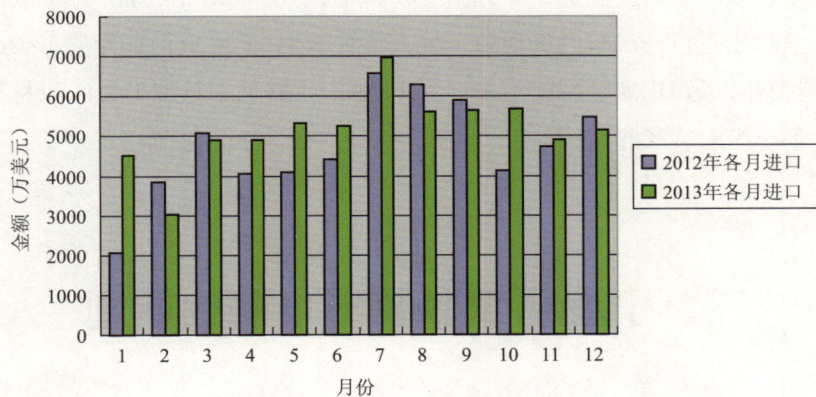

图 3 - 13　2013/2012 年各月宁波纺织服装进口量比较示意图

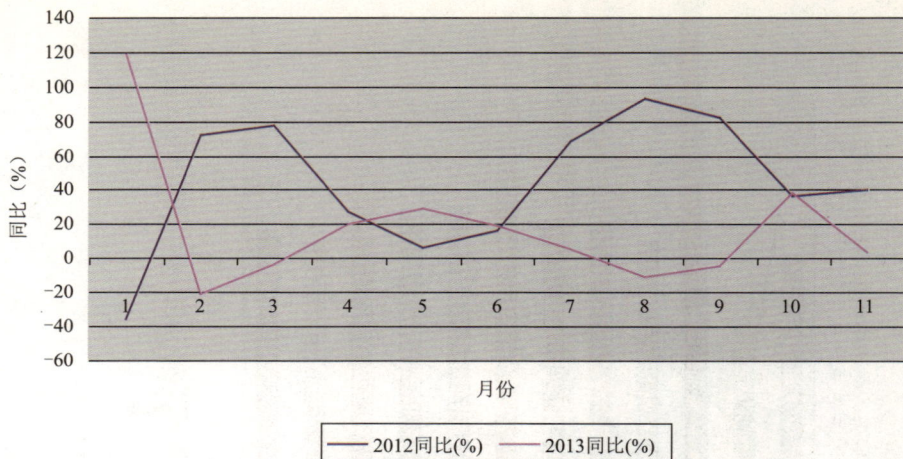

数据来源：宁波市外经贸局

图 3 – 14　2013/2012 年宁波纺织服装进口同比比较示意图

　　宁波全市纺织服装业进口与出口增长均在 10% 左右（2013 年宁波服装及衣着附件与纺织纱线、织物及制品出口增长 10.24%，纺织纱线、织物及制品进口增长 9.3%），呈现出进口与出口共振现象。究其各种缘由，是由于仍有为数不少的宁波纺织服装企业以做 OEM 贴牌加工出口为主，其中来料加工贴牌出口的原材料依赖进口，于是纺织服装产业进口与出口增长幅度在一定程度上共振。

三、宁波纺织服装出口制约问题

（一）国内外棉价差过大，削弱服装企业出口竞争力

　　棉花原料占棉纺织品成本 70% 以上，2012 年以来，国际棉价大跌，国内棉价由于国家收储价托举作用，市场现货价稳定在 1.95 万元/吨左右，每吨高出国际棉价 5000 元。由于国内外棉价相差过大，国内服装企业的成本高出国外同行业竞争对手，出口竞争力被削弱。

（二）技术壁垒影响服装出口

国外越来越苛刻的技术壁垒,越来越严重地影响着我国纺织品和服装产品的出口。发达国家凭借其科技优势,提高物理、化学、标准认证等多个方面的要求,来限制我国纺织服装出口。如欧洲《环保纺织品标准OKO—YEX100》(专用于测试纺织品中有害物质的标准),对于某些物质的含量标准要求已经达到ppb级。而国内企业受经济和技术等条件限制,目前仍难于检测和控制ppb级的物质。如果让发达国家检测机构检测,极为昂贵的检测费用又将加大我纺织品出口难度。

（三）资源要素压力导致订单转移

2008年以来,随着国际金融危机的发生和海外买家采购能力的减弱,对价格更是敏感,于是,部分订单开始流向柬埔寨、泰国、越南等东南亚国家和邻近的孟加拉国。近几年,东南亚周边国家服装业发展很快,印度不仅是仅次于中国的人口大国,而且也是全球第二大棉花和丝绸生产国,纺织服装产业链相对完整,已经成为我国纺织服装出口最有力的竞争对手。此外,越南纺织服装协会(Vitas)表示,跨太平洋战略经济伙伴关系协定(TPP)第15轮谈判已进入冲刺阶段,一旦协定签署越南进入美国市场的上千种纺织品进口关税将从17.3%逐步降至0。国内外成本的差异导致订单不断转移,欧美客商更愿意从孟加拉、越南、柬埔寨等价格更为低廉的地方购买低价服装,在纺织服装产业中低端领域中国不再拥有市场优势。

（四）纺织服装企业仍缺少品牌优势

由于纺织服装企业大多属于劳动密集型企业,生产过程多集中在低端制造环节。在较低的技术门槛以及低廉的劳动力情况下制造出低廉的商品,产品求量不求质,附加值不高;而且国内许多大规模的服装企业,还都属于OEM加工型企业,生产能力相对较强,但设计能力和营销能力相对较弱;同时,虽然近年来,纺织服装企业的品牌意识不断加强,但缺乏真正意义上的国际服装品牌。据不完全统计,在宁波上规模的纺织服装企业中,有近一半的企业在做OEM。大企业盈利能力不高,主要还是通过低成本优势在与国际品牌进行竞争。

随着发达国家经济增速放慢和新兴经济体的崛起,国际市场竞争日趋激烈,出口增速逐步放缓已成为必然趋势。

第四篇

宁波纺织服装产业
脉动与创新

2013年尽管内需增速放缓、外需复苏缓慢、生产成本上涨等因素的影响仍然存在,但宁波服装行业在产业结构调整中积极应变,依靠内生动力实现产业升级。内生动力使宁波这个以男装品牌著称的纺织服装集聚地迎来逆袭发展良机。全市纺织服装企业1.6万余家,逐步呈现男装、女装、童装、休闲装均衡发展的态势。

一、内销外贸并举,品牌发展新兴点

随着我国经济发展速度由高速增长转入平稳增长,我国服装行业已逐步从量的扩张向品牌建设转型,品牌战略也正向国家战略层面提升。可以说,品牌价值的提升已经成为品牌建设转型升级的重要目标和标志。

2013年受行业发展与市场环境因素影响,2012～2013年我国纺织服装业收益率增长放缓。国际竞争加剧、内需拉动乏力、原料价格上涨、融资困难等一系列困局,加速逼迫企业的自我创新与发展变革,对中小微初创型品牌企业来说,既是挑战同时也是机遇。

我国"十二五"规划纲要明确提出要"增强企业产品开发能力和品牌创建能力,促进我国制造业由大变强。"中国纺织工业联合会副会长张莉对此表示,中小微服装企业,尤其是具有成长实力的成长型品牌服装企业,是我国服装行业发展品牌化道路的基础,只有大力提高中小微服装企业的品牌化程度,培育一批具有发展实力的服装企业先成长起来,才能更有效地推动我国中小微服装企业的品牌化进程。

在纺织服装企业遭遇外贸"寒流",企业纷纷转战国内市场的战役中,宁波服装外贸企业转型做内销时选择了做品牌童装,目前宁波的童装自主品牌已达20余个。例如,一家做了12年童装出口生意的外贸企业选择"辛巴呐呐"品名,做起品牌童装,目前实体店已经超过20家。还有"调皮孩子""GabbyLoop"等一批新创童装品牌都是宁波外贸服装企业转战国内市场的"成果"。在外贸企业"摩拳擦掌"转战国内童装市场的同时,宁波自有品牌企业也没闲着。太平鸟在成功运营了太平鸟、乐町两个女装品牌后,将童装品牌 Mini Peace 推到前台。太平鸟将 Mini Peace 的自营店铺数量增加到200家。

服装行业的未来优势将会落在可持续的科技、品牌与人才发展上。品牌企业更应通过不断的改革创新和商业模式创新,来适应新的行业格局。

(一)时尚新品牌的崛起

服装业是宁波最有特色和影响力的产业之一。"宁波装"与宁波港、宁波菜、宁波景一起成为宁波的四大名片之一,这几年来,宁波服装业时尚化程度不断推进,借力国际化的力量,与创意设计产业互动,涌现了一批时尚品牌,推动宁波由服装制造基地向时尚之城提升。ER、Mildtree、T&W、乐町、GY、果壳、INTREX、ONE MORE、魔法风尚、GOLDEN、S2……这些都是宁波企业创设的品牌,而且是最近 3 年内开始启动运作的品牌。如今,它们也开始登上宁波国际服装节的 T 台,演绎品牌的风采和独特的魅力,成为宁波服装的新生力量。大批新生品牌的涌现,将令宁波装在未来几年充满活力。

中国服装协会副会长、中国服装协会产业经济研究所所长陈国强认为,在良好的产业制造基础的支持下,宁波有望借力国内外的时尚资源,涌现出一批具有较大影响力和市场占有率的服装品牌,推动宁波迈向国内时尚发布之城。宁波服装加工制造业非常发达而且积累了知名度和影响力,因此宁波可以借助北京、上海、广州、深圳等国内一线城市乃至米兰、巴黎、伦敦等国际时尚城市的设计资源、创意力量、渠道资源和品牌传播机构,通过市场化的手段对其进行组合,从而提升宁波时尚品牌的运作水平,打造出一批与国际潮流同步的时尚品牌。

(二)童装品牌势头迅猛

据国家统计局发布的《2012～2015 年童装产业报告》显示,童装产业产值年增长率可达 25% 至 30%,预计到 2015 年,中国婴幼儿服饰棉品和日用品市场容量将达到 2279.8 亿元。而"单独二孩"政策的放开,更为童装市场的发展带来新动力。据国家卫计委预计,该政策将会在未来数年带来每年 150 万～200 万的新增出生人口。目前,中国人口已经开始呈现老龄化,人口数量在逐步递减;而另一方面对于儿童的投入却在逐渐增加,这个时候开放二胎对市场是非常有利的。童装市场规模会因为二胎的出生而膨胀,届时儿童的人均季节的消费力会提高三倍左右,市场前景可观。宁波童装品牌也在初步形成品牌扎堆发展的阵容,已有自主品牌童装企业 20 多家,主要有以下品牌:

（1）一休童装

一休童装创建于 1998 年，作为 20 世纪 90 年代中国童装业的成功的拓荒者及民族童装业迈向世界的先行者，其撑旗的系列品牌风格明显，经营成功，享有较高市场占有率和影响力。一休系列品牌紧随国际流行，创造富有审美情趣和蕴含独特儿童文化内涵的童装力、校服和床上用品；同时亦以使用新型面料及优良制作而闻名。就设计风格而方，它们既不潮流亦不传统，二者之间的结合使设计师想信服装的质量更甚于款式更新。

以日本民间传说人物一休和尚的名字最先注册的一休品牌赋予了品牌更深的含义：睿智、灵气、正义。一休品牌现已是中国销售最大的民族童装品牌，这一品牌充分显示了设计师的天赋和张扬的个性，尽管该品牌内容涵盖面较广，但质量和款式是该品牌永恒关注的焦点。一休品牌的童装每件都是精心出自设计师的心血，其具有广泛的可配套性，这使得单件组合成了它的又一风格特性。

（2）杉杉童装

宁波宝源服饰有限公司成立于 1995 年，2002 年初，公司通过引进港英外资，投资 600 万美元，创立"杉杉童装"品牌。是一家以"杉杉童装"为品牌的国内营销管理公司，隶属杉杉集团品牌特许经营企业。公司秉承"让儿童生活更具风采"的品牌理念，以创中国儿童第一品牌的雄心与壮志，为中国的少年儿童开发健康时尚的服饰产品。

在产品内销经营道路上，公司依靠产品设计、品牌形象、特许和自营相结合的经营模式，推行以北京、上海为制高点，以长江流域为主体、华北华南为两翼的市场推进策略，全面推行高举高打、中调发展的市场战略，采用高低兼顾的差异化经营，以自营、代理、加盟、联营、托管、量贩等多种营销方式并举，多层次进行销售通路建设，抢先占领高档品牌目前尚无法大面积渗透到的中等城市，以取得良好业绩。

杉杉童装在款式与色彩运用方面将国际流行趋势与中国儿童特点相结合，并以欧式时尚风格表达少年儿童自然、自信、青春、自我的生活气息。产品定位中高档，价格适中，迎合国内大众化消费，年龄定位中大童（90cm ~ 160cm）。杉杉童装被浙江质量技术监督网和浙江推荐产品服务中心评为"浙江优质推荐产品"。近几年杉杉童装多次在《中国服饰报》北京亿元商场销售排行榜上强占前十名，目前已成为中国最为知名和最受消费者欢迎的本土童装品牌之一。

FIRSKIDS 杉杉童装作为首批中国驰名商标"杉杉"品牌的延伸,是杉杉集团在服装板块的一次企业战略转型。目前已拥有 FIRSKIDS 杉杉童装、FIRSBOY 小杉哥以及杉杉校园服饰三大品牌。经过多年的发展,已形成内销、外贸、校服为主导的企业经营格局。杉杉童装被浙江质量技术监督网和浙江推荐产品服务中心评为"浙江优质推荐产品",并多次在《中国服饰报》北京亿元商场销售排行榜上强占前十名,已成为中国最为知名和最受消费者欢迎的本土童装品牌之一。

杉杉童装作为行业的领军品牌,十多年来厉兵秣马,在产品力、营销力、服务力等方面下足工夫,特别是服装品质与设计上下足工夫,FIRSKIDS 在款式与色彩运用方面将国际流行趋势与中国儿童特点相结合,并以欧式时尚风格表达少年儿童自然、自信、青春、自我的生活气息,在市场上得到了广大顾客的认可与支持。

(3)爱法贝

宁波百慕国际贸易有限公司又名宁波华伦瑞泰服饰有限公司,是一家综合型的年产值近5000万美元的外商独资制衣企业。2007年9月,位于科技工业园区的新建工业园区正式启用。新的生产基地集针织、梭织于一体,占地面积达50000平方米。公司本着"让普通人做非凡事"的经营理念,充分尊重员工价值与创造力,率先在同业中执行 SA8000 标准,推行全员 ISO9000、2000 及 5S 管理体系,并与多家国际知名企业形成战略合作关系。作为 Alphabet(爱法贝)的母体公司,百慕国际贸易有限公司以经营外贸业务为主,产品远销美国、欧洲市场,公司2006年的业务额达到 5 亿元,被评选为宁波市 2006 年度工业企业 32 强。

旗下经营 Alphabet(爱法贝)童装品牌,属于法国 Zannier 集团,Zannier 集团是世界童装业的先驱。

自 1962 年成立以来拥有多个知名品牌及童装生产销售权,成为法国最大的童装公司,Zannier 集团是欧洲知名的服装生产和销售公司,在全球的高级童装市场占有领先地位,产品远销 120 个国家。Alphabet(爱法贝)注重自然、舒适、童趣。强调童年是一次旅行,突出与自然的融合和童趣。系列的设计灵感都来源于自然,风格流畅、随意、清新。Alphabet(爱法贝)吉祥物是两只可爱的小老鼠,爱尔法和贝它生长于 Britagne 清风绿野间,带着欧罗巴的质朴、可爱和诙谐于 2006 年 6 月 6 日来到了中国,但始终保持着恒定的风格、顽强的生命力和勇于探索的精神。品牌理念:童年是一次旅行;品牌定位:一流的品位、可靠的品质、适中的价格;市场定位:2～14 岁都市儿童,尺码:90cm～160cm。目前 Alphabet(爱法贝)品牌已进入全国 250 多家商场、超市,在宁波众多童装品牌中市场全国的占有率已排名第一。

(4)巴比乐乐

宁波狮丹努集团有限公司创建于 1994 年 5 月,是一家股份制集团型企业,享有进出口权,集团公司下分市场营销、产品研发、生产基地三大板块。公司已发展为服装、国际贸易、投资为一体的集团型针织服装企业。"巴比乐乐"品牌概念创建于 1978 年,现为宁波狮丹努集团旗下的中高档童装品牌。"巴比乐乐"采用生态环保、抗菌抑菌的有机棉汗布及牛奶蛋白纤维氨纶汗布等高端绿色功能性面料为材质,借鉴当前欧美先进的管理思想和品牌运行模式,并以独特时尚的设计理念融合国际最新流行元素,将童装趣味与品牌文化有机结合,形成具有文化精髓又充满现代时尚的儿童服饰系列。

(5)迪迪鹿

香港百姿集团有限公司是一家专业从事设计、生产、经营各种儿童服饰及相关文化产品的实体企业。公司于 2004 年在美丽的东海之滨——宁波市投资兴建了宁波百姿服饰有限公司,并创立了童装品牌 DEARDEER(迪迪鹿)。经过几年的发展,公司已建立起包括服装设计、面辅料生产、印绣花生产、成衣生产、物流配送、销售与服务在内的全方面经营体系,在竞争日益激烈的童装市场领域中逐步确立了领先地位。DEARDEER(迪迪鹿)品牌紧跟国际流行趋势,精心选用健康、舒适、环保的天然面辅材料,以自然、时尚、质感、经典的设计理念,成功打造都市儿童活力自然,优雅时尚的形象。以简约优雅,时尚经典的品牌风格吸引了越来越多消费者的青睐!

(6)小虎帕蒂

以外贸服装起家的王君,两年前退出外贸领域,投入 1000 万元成立了宁波帅帅虎儿童用品有限公司,并开始生产童装,自创品牌"小虎帕蒂"。现在"小虎帕蒂"已经进入银泰百货的销售系统,销量快速增长。

PrettyTiger(小虎帕蒂)童装源自英国维多利亚时期英伦学院风和带有欧洲风格的服饰理念。英伦风格以经典、自然、高贵、时尚为特点,运用苏格兰格子、良好的剪裁以及简洁修身的设计,体现绅士风度与贵族气质。其完整的搭配形式体现了国际化的品牌价值,简洁的线条,丰富的色彩,点点滴滴都诠释着小虎帕蒂的自信与活力;国际化、时尚化的设计理念,让小虎帕蒂产品引领着国际童装经典的流行趋势。

　　PrettyTiger(小虎帕蒂)品牌定位以 0～13 岁自信、活泼、积极向上的现代儿童为主,提供"绿色、环保、舒适"的四季着装生活方式,以简雅格调体现自然、纯净的童真感受,通过系列的款式与各种有趣的组合搭配抒写童年故事,在面料、色彩、款式的选择与设计上,均表现高贵、典雅、天真烂漫的儿童个性流行与实用呼应,时尚与健康并存的品牌特色。

　　PrettyTiger(小虎帕蒂)英伦经典的款式风格,完整的搭配形式体现了国际化的品牌价值,简洁的线条,丰富的色彩,点点滴滴都诠释着 PrettyTiger(小虎帕蒂)的自信与活力。国际化、时尚化的设计理念,让 PrettyTiger(小虎帕蒂)的产品引领着国际童装时尚的流行趋势。

　　(7)太平鸟童装

　　现阶段童装市场主要客户群集中在八零至九零后的年轻人,他们习惯电商消费模式,而且成长期的儿童服装随着身体的成长更换频繁,使用周期短,这都引发大量的市场需求。中国童装市场空间大,但线下童装品牌进入晚、发展慢,短时间内无法适应电子商务的快节奏。

　　太平鸟近几年的发展趋势显示,品牌已成为企业间竞争的核心。在多年来品牌培育的积累中,太平鸟为传统服装产业的再发展提供了品牌建设的蓝本。

　　如今,婴童经济的"千亿级"蛋糕无疑激发了太平鸟于成衣世界中,培育时尚童装板块新优势的大胆设想。太平鸟放弃既有的国内模式,结合成人服装的时尚发展模式,太平鸟时尚童装 Mini Peace 应运而生。

　　目前,这个于 2011 年正式面向全国市场的童装品牌,在经过了两年多的发展之后,已成功入驻武汉、宜昌、宁波、杭州、金华、南昌、沈阳等多个地区,并且计划在 2014 年将 Mini Peace 的自营店铺数量增加到 200 家左右。如此迅猛的发展,加之其与集团一脉相承的品牌理念、时尚元素以及成熟的运营经验,使得 Mini Peace 俨然成为了太平鸟"多品牌"战略体系下的一股不容忽视的新生力量。在第十七届宁波国际服装服饰博览会上的独立"现身",作为此次亮相的重头戏,Mini Peace 放在了展厅最为显眼的地方,展示太平鸟在品牌运作上的再次成功,更是对其发展速度与深度的重要认可。当下国内童装市场尚待良好开发,童装行业仍陷混战时期,太平鸟以品牌重塑产业价值,倡导了行业的良性发展。

　　(8)LOVEMORE

　　宁波合和杰斯卡服饰有限公司在五年间孕育了休闲男装品牌 GXG 并将年销

售收入推至 30 多亿元的高峰后，新的童装品牌"LOVEMORE"也正酝酿而成，意思是"让爱多一点"，意译是"万千爱"，LOVEMORE 以时尚休闲为主，带英伦风味，产品以棉、麻、丝以及各种天然材料为主，结合个性的各种水洗、绣花、印花工艺，炫彩多变色彩搭配，结构新颖的设计，在细节处玩味时尚为品牌增添故事，缔造新时尚环保主义。LOVEMORE 新混搭风格，款式具备大众时尚的特点，突出色彩的时尚个性，精细的做工，缤纷的色彩以及多元化的设计，蕴含了高档童装流行元素，LOVEMORE 以突出品牌"大格调、大时尚"。

现在市场上童装打的主要是卡通牌、可爱牌，LOVEMORE 的童装将打时尚牌，在童装领域也会延续 GXG 的时尚风格。

（9）马威

马威（中国）有限公司成立于 2010 年，是全国最大的针织企业申洲国际集团投入了 1.86 亿美元创建的男女运动装和童装品牌。申洲在继续为耐克等世界名牌贴牌生产的同时，开始向利润率更高的内销市场进军，是国内快销服饰行业新兴的品牌。奉行简洁、现代和体现崭新生活方式的设计理念，以优质面料、合体裁剪、舒适穿着为目标，全力打造属于中国人自己的休闲服饰品牌。公司童装覆盖了从新生儿到 15 岁青少年。

目前，在江浙沪地区已有 25 家分店，遍布上海、杭州、苏州、嘉兴、绍兴等多个地区，形成了较为完整的江浙沪市场网络格局。在未来的几年中，公司将继续高速开拓品牌零售市场，计划两年内在全国陆续开设百家门店，初步形成辐射全国的零售网络。2011 年 9 月底，集团旗下的马威服饰在世纪东方广场开出了宁波首家"马威"品牌专卖店。

（三）男装品牌发展相对滞后

作为业内龙头，比如雅戈尔品牌服装业务净利同比下降，主要原因是品牌未能与时俱进，宁波男装之前主要以实用为主，近几年来，渐渐转向时髦，然而，男装品牌里的大多数是跟随"60 后"、"70 后"成长起来的，时过境迁，现在社会真正的消费力量是"80 后"、"85 后"，他们的需求、购物习惯已经发生改变。"80 后"、"85 后"讲究快捷、方便和实际体验，为了适应这种习惯的改变，企业们必须要找到电子商务与零售业的平衡点。宁波男装品牌比较多，同质化过于严重，需要弄懂品牌的文化内涵，使服装设计具有自己的独特性。

　　五年前,雅戈尔迈出向品牌运营转型的第一步之后,时尚、科技、文化成为发展关键词,几年间通过集成全产业链研发设计能力,不断提高自主品牌的原创设计能力。2013年开始,男装行业呈现低增长态势,在日趋激烈的竞争环境下,雅戈尔接连主动出招,雅戈尔通过"汉麻水洗衬衫"这一原创产品,让消费者能够把自然、健康穿在身上。从社交网络到日常生活,环保的生活态度,回归自然的时尚追求,都是当下热门话题,汉麻水洗衬衫也在雅戈尔"享受水洗"、"爱上汉麻"微互动活动中攒足了人气。

　　随着转型升级步伐的加快,雅戈尔为设计团队加入了更多的国际化视野,引入意大利知名设计师担任设计总监,并相继在国内的北京、上海、广州以及国外的米兰等城市设立设计中心,拓宽视野,紧跟市场脉搏,研发更具市场竞争力的产品。在2014年秋冬产品中,有多款冬季夹克专为气候寒冷的北方市场设计开发。一个产品多种板型销往不同市场的传统做法在悄然改变,为不同地域消费者专属定制的产品,贴合当地人体型,适宜当地气候、消费观念,让消费者更暖心。

(四)女装品牌发展日趋成熟

　　当下,宁波女装业先后打出了几十个具有较高知名度的品牌和具有一定规模和竞争力的女装生产企业。在中国服装协会公布的行业百强企业中,每年均有宁波的女装企业名列其中。宁波女装正在品牌经营的道路上向产业升级的方向发展,女装生产经营企业日臻成熟,女装经营者品牌经营的理念越来越强。宁波女装也厚积薄发,呈雨后春笋之势,知名品牌不断涌现。在女装领域,太平鸟、斐戈、德·玛纳、STEVE&VIVIAN、ESback、旦可韵、花时美等品牌发展势头正旺,显示出如今的宁波服装业"巾帼不让须眉"的气势。宁波女装起点高,在运作时特别注重风格的树立,品牌充满了灵性。近年来女装产品销售的周期也在逐渐缩短,市场反应速度越来越快。不断加强女装生产经营的个性化服务正逐渐成为品牌销售的常见手段。然而宁波女装虽然保持着20%以上年增长率,但是品牌数量和市场份额还是较少,外资及合资品牌占据市场的份额较高,市场洗牌和品牌竞争才刚刚开始。

1. 太平鸟

　　太平鸟的成功,一是源于正确的时尚定位,二是源于正确的女装切入,为传统男装扛鼎天下的宁波服装业开创了一条独特的突破路径。至2014年,太平鸟女装已进入发展的第13个年头,经过这些年的发展,太平鸟女装已在国内女装界脱颖而出。目前,太平鸟女装旗下两大品牌——乐町、PB女装(Collection、Jeans、Trendy三大系列),在全国范围内,太平鸟自营店铺达300余家,加盟店铺1700余家,其中大型旗舰店达40余家,其线上交易"魔法风尚"。其一流的产品设计开发,创新的经营理念,全方位的顾客服务,完善的店铺形象使太平鸟女装在"快时尚"的道路上一路疾驰,成为OFFICE休闲时尚女装的第一品牌。

如今,太平鸟又提出一个新的理念:不做服装做时尚。太平鸟不再是提供服装产品的机构,而要成为一家"时尚解决方案"的服务提供商。这一概念的提出,将太平鸟从传统服装业升华到时尚产业。这是一种质的飞跃。而这种定位似乎也更合乎国际的潮流,纵观近半个世纪以来,西方传统服装强国在对待服装、时尚的理念方面,都已实现全面转型,创意对于服装的影响力已经达到了空前的地步。

2. 斐戈

斐戈品牌至今已经走了8年,每年都追加投入1500万~2000万元用来培养品牌。斐戈女装不实行大批量生产、不追加订单,为了保证品牌中高档品质和品位,斐戈坚持从欧洲、日本和韩国等地区进口高档面料,面料进口比例达90%。做工更是考究,将订制理念渗透于产品每一个细节,如仪式般严谨的工艺流程,使它的每一套服装,都需经过166道工序。为提纯品牌的血统,斐戈还把部分生产线放到中国香港和意大利。并在2009年,重金聘请了一位来自意大利的知名设计师加盟斐戈品牌,他曾服务于CK、Valentino等国际品牌。为了随时捕捉最新国际时尚灵感,由11位国内、国际顶级设计师组成的设计团队不定期前往法国、意大利、日本等国,吸取各类顶尖时尚元素。同时也拥有自己的设计师团队,其主力设计师有着国外留学背景,团队目前共有30余人。斐戈计划每年投入40%的资金用于研发、设计、开发面料等,以持续追加大幅度投资的方式确保研究技术中心的设计灵感。

同时,斐戈也并未放松对外贸板块的提升,直到今天,外贸仍占了斐戈集团销售额的93%,2010年外贸出口5000多万美元,毛利润在20%~25%。外单加工水平也不断提高,从原来外方提供样衣、原辅料配齐,到后来只给样衣,再到后来只给图纸,最后只给概念,其他都由企业自己做,完成了从OEM到ODM的转变。而且,斐戈还是宁波服装企业中第一个得到美国服装协会人权标准的WRAP认证企业,保证生产过程中对工人的管理严格遵守国家有关劳动法规。从低附加值到高附加值、从无品牌到品牌化经营,斐戈集团不仅实现了创立自主品牌的梦想,更让企业走上一条越走越宽的经营之路。

3. STEVE&VIVIAN

STEVE&VIVIAN（SV）这个拥有浪漫、洋气的意大利品牌名称的女装品牌，是宁波艾盛集团于2008年成立的，艾盛公司一直以外贸加工贴牌生产为主，2006年在欧洲注册SV女装品牌，在意大利及宁波成立设计工作室，开始生产自己女装品牌。2010年底，SV用400万重金签约姚晨，这一大手笔为其品牌"明星经济"的构建迈出重要的一步。SV与姚晨的重磅合作，并不是对明星的一次偶然的碰撞。早在2009年7月，SV宁波万达旗舰店开业，中国香港知名艺人应采儿应邀出席并主持开幕式；同年11月在宁波天一广场的形象店开业，力邀台湾知名女星吴佩慈倾情出席，为新店开幕助阵造势；2010年1月SV又以赞助商的身份出席沪上知名时尚网站所举办的"新年时尚趣生活"潮人炫体验派对，同时出席的有著名艺人及众多时尚界名人。如此频繁且连续的和"娱乐圈"打成一片，让明星们为其摇旗呐喊，"明星效应"让SV一夜之间声名远播。

STEVE&VIVIAN又大胆启用"80后"设计师作为核心团队，目前11人的设计团队全是"80后"来自全国知名服装设计院校的年轻设计师，她们本身就是颇有"潮流范儿"的"追星族"，在SV的每个设计师的工作桌前，出现了娱乐圈中人气明星的潮流街拍与时尚大片。她们对时尚的解读有着不一般的激情与理解，在开发新品的时候，根据设计主题，寻找最具人气的明星作为"设计标杆"，提炼最具生活气息和日常意味的元素做"设计减法"，形成具有市场应用性的设计产品。

4. 博洋

博洋服饰下的各大休闲装品牌对女装部分的考虑是"别有用心"的。如唐狮根据校园、都市的年轻人推出一系列"basic款"（基本款），造型简洁的T恤、卫衣、外套，干净利落的牛仔裤、打底裤等等，他们分析了男女消费者对服饰穿着的要求高低不同，减少女装的比例，把男女装的整体比例定为6∶4，产品结构稍侧重于对款式、花样相对要求低的男装。而另一品牌艾夫斯在年龄定位和唐狮差距不大的情况下则扩大的女装的比例，从40%增加到60%，在产品设计上将流行音乐和国际潮流融入设计灵感中，注入个性化的元素，使面料肌理、色彩、装饰物更富于变化。从而全面考虑到女性对服装款式、装饰、色彩求新、求变、求异的更高要求。

博洋如此分配女装板块比例的做法，使同门的唐狮和艾夫斯两大品牌，从性别上形成错位竞争，并还能相辅相成，避免了自相打压的情况。果然显示其"价值品牌"的附加值。"大众化品牌，细分化市场"定位，使博洋"休闲装"拥有不可限量的市场空间,也使服装品牌真正成为走向老百姓的"民牌"。

(五)户外品牌独放光彩

虽然国内户外运动市场的增速在放缓,但是依然成为各品牌不可忽略的市场。户外运动行业的体量在150亿元到200亿元之间,与体育品牌相比,还是一个比较小的行业,但下一步的发展会非常迅速,滑雪、极限运动都将成为热门。

来自中国纺织品商业协会户外分会COCA的数据显示,2013年度品牌数量891个,国外品牌433个,同比增长3.59%,进入国内市场的国外品牌还是以欧洲和北美为主。

该机构发布的《2013年度中国户外用品市场调查报告》显示,2013年户外行业零售额180.5亿元,同比增长24.3%。而2012年我国户外用品市场零售总额为145.2亿元,年增长率达到34.94%,2011年的增长率为50.91%。

1. 成人市场占优

最近几年,在户外运动中,一批有拼搏精神的"90后"加入了这个队伍,他们是户外装的未来主要消费群。"90后"不仅仅是中国时尚消费潮流的中坚力量,同时也是品牌运作未来的风向标,他们代表了新一代中国时尚产业消费观,更代表着一种崭新的消费新势力。因此,就拿户外装来说,为了应对新的消费群体,目前户外装当中的"时尚"元素在不断增加。

据了解,从户外装的特性和品牌的长远发展来看,产品的定位更适合于聚焦专业路线,比如李宁品牌推出"李宁弓"款减震慢跑鞋。还聘请具有国际影响力的专业人士代言,提高对专业运动的参与以提升品牌的专业形象等,比如安踏邀请孔令辉、加内特、郭晶晶等代言。因此,对于目前宁波户外行业的发展来说,企业必须坚持专业化与时尚化同行,才会更好地扩大市场空间、提升利润和留住消费群体。

(1)牧高笛品牌

浙江牧高笛来飞企业是一家专业生产户外休闲用品的企业,也是全球最大的帐篷生产厂,专业生产帐篷、睡袋已有15年的历史。2002年,该公司开发国内市场,注册了"MOBI GARDEN牧高笛"品牌,2003年开始在全国推广,由于其优异的品质和低廉的价格,MOBI GARDEN很快成为国内户外装备市场帐篷销量第一名,牧高笛还成为了中国汽车露营协会指定用品。品牌的核心理念:专业的产品,可靠的质量,大众的价格;本土的品牌,国际化的渊源;健康阳光的、智慧的、有品位的生活方式。牧高笛品牌的目标客户是年轻人,既希望满足他们的专业品位和时尚品位,又希望产品价位在合理的消费能力之内。产品立足于大众市场,注重户外科技,同时兼顾户外时尚,使顾客能通过 MOBI GARDEN 来感受国际一流户外科技,体验国际最新的户外时尚和国际前沿的户外生活理念。牧高笛将全力打造户外专业旅行装备全方位防护的轻、亮,在满足户外出行专业需求的同时,结合时尚潮流元素,为追求户外体验及生活方式的族群提供更广泛的选择。

(2)雪狼

SnowWolf(雪狼)是国内十大户外品牌之一,总公司位于浙江省宁波市,是国内最早一批涉足并专注于装备的研发和生产的民族企业。创始人是 Chley,中国第一批户外运动的爱好者。在西藏登山的过程中,Chleyi 不止一次在高山上与雪狼邂逅,并深深地被雪狼独立、坚毅、团结、果敢的精神感动。在雪狼的精神和做民族自己的户外品牌的感召下,Chley 创办了雪狼,秉承勇于探索、不断超越自己的户外精神。研发极限登山、徒步等专业户外运动中的高性能装备。并融合时尚流行元素,形成独特的品牌风格。专业造就了雪狼,更合适、更高性能的品质一直是雪狼孜孜不倦的追求。

经过 8 年的发展,雪狼的产品线已非常齐全,服装、背包、鞋靴、帐篷、睡袋及其他配件都已经过了市场的考验,特别是服装、鞋靴和背包类货品一直是雪狼的销售主力。在户外行业中享有非常高的知名度和美誉度。品牌理念:是会奋斗、懂生活、热爱大自然,注重亲情、友情和爱情;品牌文化是:诚信、仁爱、创新、进取、共赢、专注。

2. 布局儿童市场

虽然国内户外用品市场的市场容量在逐年增长,但是增速却在回落,企业也需要寻找新的增长点。有分析人士指出,儿童户外用品市场将是一个新的增长点。相关数据显示,儿童户外拥有 40% 的市场年增长率,相对空白的市场竞争、儿童群体对户外产品的新鲜和喜好,使得儿童户外运动市场成为当下户外行业新的细分市场。

2013 年 11 月,全国首家青少年户外用品店落户浙江宁波。牧高笛青少年户外店在世纪东方广场正式营业,店内不仅可以购物,还能模拟露营和童装走秀等,形成独特的体验式儿童户外消费环境。近年来,牧高笛户外童装发布动作频频,更显示其抢占市场高地的决心。

　　雪狼现在已经在中国市场推出儿童户外产品,主要侧重于衣服、鞋,在各大商场已经试销儿童户外产品,效果不错。

　　户外用品市场是"宁波装"的新蓝海,随着渠道和生产成本的增长以及企业竞争的加剧,服装企业必须不断拓展新的领域,才能把握市场的主动权。

二、设计创意寻突破,转型升级上台阶

　　中国的纺织服装业由传统制造业向现代时尚业转变,在扩大内需的过程中建立中国时尚话语权是大势所趋,设计是服装的第一大要义,是提升中国的时尚话语权。在新的经济形势下的企业转型、品牌升级,对服装的设计提出了更高的要求,而形成一个相对完整的、以雄厚产业基础为后盾的服装设计体系,将对一个地区的服装行业发展起到巨大的推动作用。

　　在纺织服装价值链上,公认的利润分配结构大致是:营销占50%,设计占40%,生产占10%。作为中国服装产业重镇宁波,服装的制造能力毋庸置疑,但随着国内外经济形势的转变以及行业专项升级的趋势,宁波服装的设计短板开始拖累当地产业的持续提升。宁波是服装制造大市,但创意设计一直是宁波纺织服装业的"软肋"。在近年来的产业转型升级中,宁波市政府加大了扶持力度,把重心集中在服装产业转型发展所需的创新要素的整合上,着力突出创意设计的提升。

(一)政府服务建平台,政策支持引人才

　　为加快推动纺织服装产业转型升级,宁波市出台的《加快推进产业升级行动纲要》中,纺织服装产业被确定为全市产业升级重点工程之一。宁波市委、市政府提出要"着力提升"纺织服装产业,走向产业链两端——品牌营销和研发设计延伸的转型升级之路。

　　为鼓励企业引进高端人才,市委办、市府办先后出台了一系列规范性文件,高度重视创新型领军和拔尖人才引进培养。同时,市人才办组织有关部门积极实施人才重点工程培养,推进"4321"人才培养工程,继续举办国家、省、市人才培养人选

的香港高级研修班。还明确了对引进人才的购房安家补助、柔性引才生活补贴、工作津贴补助和家属就业安置等方面的政策,鼓励企业引进培养优秀人才和紧缺人才。

此外,宁波市还专门设立了和丰创意广场,鼓励设计人员、设计机构落户创业。通过设计师与用人企业面对面零距离洽谈,提高合作的可能性。跟进服务,帮助企业和设计师解决一些合作配套资源方面的问题。

2013 年第十七届宁波国际服装节,把重心集中在宁波产业转型发展所需的资源要素和创新要素的整合上,着力突出国际国内市场拓展和创意设计。多年来,中国时尚同盟就一直在为宁波的服装产业升级贡献力量,从宁波服装节的舞台上也涌现出了一大批优秀的设计人才。优秀的设计人才为宁波服装产业的良性健康发展注入了新鲜的时尚血液。2012 年,有 11 位设计师与中国时尚同盟合作,在宁波国际服装节上展示自己的作品。2013 年,阵容扩大到了 18 位。

宁波服装一直以正装(衬衣、西服)和外贸为主,对设计方面的需求相对会少一些。近些年外贸的比重在下降,一些外贸企业逐步转向内销,它们瞄准的目标往往是女装和童装,这就对设计提出了新的要求,需要大量的设计人才,与中国时尚同盟的合作肯定会对此有所推动。服装种类的百花齐放,将进一步改变宁波服装产业的原有格局,也将给创意设计产业带来新的机遇。宁波国际服装节与中国时尚同盟合作打造的设计师平台,新锐设计师田小田与宁波裕人针织的合作,就是宁波服装企业与中国时尚同盟签约设计师合作的一种有益尝试。

(二)"产学研"助力宁波纺织服装业新发展

宁波服装产业的发展必须充分发挥产业集群优势,提高企业、行业、高校和政府之间的协调程度,实现宁波服装产业集群的整体升级。

1. 产学研技术创新联盟显成效

2010 年 4 月,由宁波市政府搭桥、浙江纺织服装职业技术学院牵头,雅戈尔集团股份有限公司等 42 家纺织服装龙头企业与国内纺织服装技术领域实力较强的高校、科研机构等强强联合成立了宁波市纺织服装产学研技术创新联盟。联盟成立以来,获得各类发明专利授权 1823 项,承接市级以上科技项目 97 项,建设工程技术中心 10 个,建设高新技术、科技型企业 4 家,获得宁波市科技进步一等奖 2 项,成功举办了"中英纺织服装产学研合作论坛",组织宁波 9 家服装企业到英国与英方企业及高校进行合作洽谈,将英方高校具有世界一流水准的服装创意、品牌、工艺等教育资源引入宁波企业,致力于打造国际级的纺织服装创意设计培育平台。

2. 校企同筑国际化服务平台

服装业的国际化发展,需要建立能够及时提供国内外行业信息的服务平台,以及在行业、企业和高校间发挥桥梁作用的高水平服务平台。2012年,浙江纺织服装职业技术学院、宁波市纺织服装产学研技术创新联盟和英国大使馆文化教育处共同成立了中英纺织服装设计中心。

中英纺织服装设计中心汇集了英国伦敦时装学院、南安普敦索伦特大学等12所英国院校以及浙江纺织服装职业技术学院的优秀设计师团队,为纺织服装企业提供针织、梭织、毛衫、皮草、配饰、家纺等的多门类产品设计服务。中心成立以来,在行业信息沟通、技术服务和人才交流与培养等方面都起到了显著的推动作用,中心与英国伦敦时装学院、诺丁汉特伦特大学等12所英国纺织服装院校及多所设计机构合作。中心践行着了高等学校服务地方经济发展,为宁波纺织服装产业由传统产业向时尚创意产业延伸发展做出积极贡献的终极目标。

（三）本土品牌凸显设计力量

近些年外贸的比重在下降,一些外贸企业逐步转向内销,它们瞄准的目标往往是女装和童装,这就对设计提出了新的要求,需要大量的设计人才。传统外贸企业自发的"灵光"悄然闪现。在第十七届宁波服装节上,宁波诺布尔制衣实业有限公司自主设计的1000多款羊毛(绒)衫密密麻麻挂了三排。宁波诺布尔制衣实业有限公司10多人的设计团队从打样起家,如今已成长为经验丰富的"羊毛衫专家"。这家年产值超2亿元的浙江羊毛衫生产龙头企业,已经牢牢掌握俄罗斯高端服装品牌 Henderson 的设计主动权。

宁波康楠服饰有限公司董事长张国萍,有几十项设计专利,并在首届宁波女装品牌优势评选中获得"最具潜力大奖"。

雅戈尔 GY、牧高笛、Anjaylia、麦中林、MAXWIN 等时尚品牌及 INTREX 中英大学生原创设计发布会在 2013 年第十七届宁波国际服装节上的发布活动,凸显了品牌的创意设计理念,也推进了宁波服装制造大市向服装设计强市的转变,进一步弥补了宁波服装创意设计短板,提高了宁波服装行业及服装品牌的设计理念、风格和品位的前沿性。

（四）本土"高端定制"方兴未艾

10 年前，全手工私人定制服装店开始在宁波出现，有的设在五星级酒店，有的则落脚三江口等黄金地段。而如今，越来越多的中外老字号在宁波开店。根据宁波市服装协会的初步统计数据，目前全市有 30 家左右手工私人定制的服装店，主要是定制男士西服，裁缝也主要是来自奉化等地的红帮裁缝。定制店顾名思义，就是专门为客人纯手工定制西装、西裤、衬衣，客户基本也以高端客户为主。

近些年来，随着持续的出国热以及宁波的不断国际化，旗袍在出国留学生和来华外国人中也非常流行，旗袍定制越来越受消费者欢迎。

"第一夫人"效应引起的高度聚焦，揭示出中国高级定制消费市场的巨大需求，物质的富足促使人们对生活方式提出更高的要求，高级定制的价值得到认可。

在中国"第一夫人"穿着例外的高级定制时装亮相之前，中国的高级定制产业早已存在。定制企业很多，定制品牌却不多，婚纱、礼服、西装、职业装统统都能做，高端与否的分水岭并不清晰。2013 年以前，那些产量很小、售价很高的设计师品牌，几乎都自发或被动地归于高级定制的行列，但专门做服装定制的加工企业，则与"高级"还有一段距离。

1. 高级时装

宁波市早就有高级定制时装的出现，张肇达、郭培、刘薇、祁刚等一批中国本土服装设计师都举起高级定制的旗帜，将中国服装设计推上新台阶。近两年，NE·TIGER 的高级华服秀、王燕喃的 TANYA Couture 高级定制、许茗高级定制、张京京高级定制等发布会不断出现在中国国际时装周的舞台上，撑起了中国高级定制产业新局面。

"第一夫人"效应引起的高度聚焦，揭示出中国高级定制消费市场的巨大需求，物质的富足促使人们对生活方式提出更高的要求，高级定制的价值得到认可。同时，中国深厚的文化底蕴和丰富的手工艺技艺，也为设计师带来了大量灵感，而且中国工艺师的薪资与国际水平存在悬殊，为中国高级定制时装带来极大的价格优势。

宁波纺织服装作为传统优势产业、地方经济支柱产业和领先全国的时尚产业，继续对发展我市经济、促进劳动力就业和社会稳定发挥着重要作用，也继续为巩固和提升我国纺织在世界上的竞争优势做着贡献。宁波的量体裁衣历史悠久，高级定制时装有着深厚的民间基础，虽然历史短暂，处于起步阶段的中国式高级定制却有着较高的起点和良好的市场前景。

2. 成衣品牌

成衣品牌是定制产业的中坚力量。目前,服装企业中拥有 3 种定制方式。第一种是成衣化的套号量体定制,也就是说,企业每年推出一系列有主题的成衣设计,顾客来挑选适合自己的。第二种是根据顾客的特殊体型或者一些活动的需求而定制,这具有专属性,也属于高级定制。第三种是尊享高级定制,即全程打造顾客一年四季的日常生活、出访、社交活动等着装,这也是九牧王、七匹狼等闽派服装企业的高级定制业务内容。

本土高级定制的发展,离不开行业推手。在 2013 年 3 月的中国国际服装服饰博览会上,主办方专门开辟了高级定制区,新、老高级定制品牌得以验明正身,6 大男装高级定制品牌,在展会中脱颖而出,巩固了本土高级定制产业的根基。其中就有一家是宁波的男装品牌——雅楚。宁波雅楚服饰有限公司是一家专业生产男女呢绒大衣和呢绒纺织品的公司,成立于 2001 年。公司建立了从纺纱织布到成衣的一条龙生产线。公司下设服装,纺织和家纺部门。公司主要生产中高档羊绒、兔绒和羊毛等原料的大衣,还有夹克和休闲西服等。公司年产大衣 10 万套和羊绒面料 60 万米。服装产品主要出口销往北美和欧洲。

繁荣的市场,稳定的秩序,悠久的文化历史,与国际社会交往的日益频繁等,这些都是高级定制在中国发展的源泉,也是在宁波的发展源泉。无论是高级定制时装,还是高级定制成衣,如果能抓住机遇,中国可能与国际时尚业站在同一平台上进行对话交流,同时也能取得高级定制产业所创造的高昂附加值,摆脱加工大国的单一面貌。

作为欧洲皇家贵族服装定制百年老店——"亨利百利",除了拥有一大批皇室、官方客户外,还与迈克尔·杰克逊等世界知名人士有过长期合作。2014 年 4 月,英国亨利百利的裁缝们来到宁波,目的就是要开家西服高端定制会所。他们看中的,不仅是宁波本身就有的红帮裁缝底蕴,还有宁波人强大的购买力。

面对生意越变越好的定制服装店,宁波正在谋划打造一条服装定制专业街,类似英国的萨维尔街。成立服装协会定制服装分会,让同行们有更多地交流。

当然,宁波发展除了缺乏买手,相关法律、标准也不完善,对高质量、高水平面料有需求,没有形成真正意义上的高级定制客户群,高级定制运作体系还不成熟,也缺少专业的单品艺术作坊,这些因素都成为宁波高级定制产业发展的瓶颈。

三、电子商务显优势，经营模式正变革

电子商务是网络技术应用的全新发展方向。因特网本身所具有的开放性、全球性、低成本、高效率的特点，使得电子商务大大超越了作为一种新的贸易形式所具有的价值，它不仅会改变企业本身的生产、经营、管理活动，而且将影响到整个社会的经济运行与结构。以互联网为依托的"电子"技术平台为传统纺织服装商务活动提供了一个无比宽阔的发展空间，变革着传统的渠道经营模式。

传统经营模式以实体渠道为主，消费者是线下为主。未来将变成一种全渠道销售，就是消费者往线上偏移。以前是只管线下消费者的消费体验，现在更多的消费体验会在线上和线下波动。有时候消费者会去线上买，也可能因为线下店比较便利就去线下买，那这意味着经营模式变革、销售的服务手段创新，对企业经营管理和同类获益链带来巨大变化。

（一）B2C"触电"加速经营模式变革

从过去几年持续的圈地扩展高歌猛进，到迫于成本压力以及爆发库存危机纷纷关店，中国服装行业转型变革朝着"网络 + 服企"的模式发展。从 20 世纪 90 年代初开始，伴随着互联网使用人群的扩大化、全球化，电子商务（电商）也得到了长足的发展。美国是最早发展电子商务的市场，并形成了成熟的电子商务体系。欧洲继美国之后成为电子商务的快速发展区域，亚洲则因为经济的总体提升和网络应用的深入，成为最具发展前景的电子商务市场。据中国互联网络信息中心（CNNIC）2013 年 7 月在京发布《第 32 次中国互联网络发展状况统计报告》显示，截至 2013 年 6 月底，我国网民规模达 5.91 亿人，互联网普及率为 44.1%，网络购物网民规模达到 2.71 亿人，网络购物使用率 45.9%。从发展规模来看，我国电子商务已经接近世界发达国家水平。

进入 21 世纪，随着我国互联网基础设施的不断完善和互联网普及率快速提升，中国电子商务迎来了高速发展期。网上交易规模从 2004 年的 49 亿元至 2012

年的近 8 万亿元,电子商务市场规模以超过 100% 的年复合增长率快速发展。我国电子商务持续快速发展,在繁荣国内市场、扩大居民消费、降低物流成本、提高流通效率等方面,电子商务发挥着日益重要的作用。基于自身低碳性、商务性、服务性、集成性、可扩展性、安全性和协调性特征,电子商务改变着商务活动的方式、人们的消费方式、企业的生产方式,已经成为世界潮流和互联网行业瞄紧的一座金矿。电子商务产业成为我国发展最快的新兴高科技产业之一,又成为我国企业战略转型的重要手段之一。

根据中国电子商务研究中心最新发布的《2012 年度中国电子商务市场数据检测报告》,截止到 2012 年底,中国电子商务市场交易规模达 7.85 万亿元,同比增长 30.83%。网络零售市场交易规模达 13205 亿元,同比增长 64.7%,占社会消费品零售总额的 6.3%。2012 年年底,我国实际运营的个人网店数量达 1365 万家,登记在册的电子商务企业已达到 1000 多万家,其中大中型企业就有 10 万多家。2013 年上半年,电子商务市场继续高速增长,截至 2013 年 6 月,全国电子商务交易额达 4.35 万亿元,同比增长 24.3%。

对于纺织服装产业而言,短期来看,由于大部分服装品牌仍以线下渠道为主且实体渠道产品价格偏高,电商由于其节省渠道成本带来的"低价优势"会对消费产生分流,短期对线下品牌形成冲击;但从长期看,随着线下品牌逐步重视并合理发展线上渠道,对品牌商而言电商不仅是提供了一个新的销售渠道而是一种新的销售方式。因此,电子商务对于整个纺织服装行业的影响较为深远,将带来渠道、定价模式、供应链等诸多方面的变化。

1. 渠道——线下渠道销售结算功能逐步弱化

目前,电商对实体渠道带来的价格冲击并不是最致命的影响,O2O 的经营模式实质上改变了品牌服装的传统增长模式,这才是最根本性的影响。依托多层级加盟商进行外延扩张是近 10 年品牌服装主要增长路径之一,但电商的出现将改变传统"实体渠道为王"的增长模式,未来线下渠道的销售结算功能可能减弱,而更多地体现为提供服务和消费者体验的场所;但同时,在未来线上线下同价以及 O2O 的趋势下,这也将成为线下品牌的优势。自 2011 年下半年开始的消费低迷延续至今,品牌服装"关店潮"也一直持续。我们认为,除了终端需求疲软、品牌自身库存挤压、租金和人工成本居高不下等原因外,电商对线下渠道的分流也是重要原因。未来尽管线下实体店不会完全消失,但随着电商的迅猛发展,关店有可能持续。

2. 定价——增长路径从高毛利到快周转

近 10 年品牌服装的另一主要增长路径表现为"提价"。由于网购使得消费者比价成为可能,电商降低了消费者的搜索成本,未来服装定价有透明化趋势。应该说,2003~2011 年是品牌服装增长的黄金时期,经历了一个量价齐升的过程,但 2011~2012 年则表现为提价抑制 销量增长,进而形成高库存;过去几年服装经历了提价带动毛利率提升,但存货周转率下降的过程。我们分析,服装毛利率提升来自提价、成本控制、调整产品结构、渠道整合 4 个方面。其中,成本控制的空间有限,而产品结构调整和渠道整合往往需要经历较长的过程,因此提价是短期提升毛利率最为有效的手段。但电商的兴起将使这一路径变得困难,尤其在实体终端价格已经虚高的情况下。由于电商的渠道成本、税收成本较低,线上产品性价比高、更有竞争力,这就使得品牌力不足、消费者忠诚度不高的品牌未来提价困难,品牌服装高毛利时代可能即将结束,未来做大规模将从依托"提价"转为"做量",提升周转率成为题中之义。

3. 供应链——从订货制向配货制转变

传统增长模式依靠多层级加盟商进行外延扩张,同时,品牌商大部分都采取了订货会模式;订货会模式的好处在于,品牌商可以不承担库存压力,且集中下单具备规模优势。然而,随着服装的时尚性要求越来越高,终端消费需求的转变越来越快,需求呈现碎片化特征,再加上近些年服装库存高起,传统订货会模式弊端逐渐显现:①品牌对终端掌控力不强,且加盟商对于新款推货有风险抵触心理;②订货会大多提前半年订货,存在滞后于终端消费需求变化的风险,库存积压影响加盟商再订货的积极性。从 2012 年起,不少品牌服装开始尝试降低订货比例,实行配货制,重视供应链的整合。我们认为,电商的发展有利于推行预售模式,即线上可以在短时间内快速聚集消费需求信息并下单,上游供应商预先拿到订单后,可从供应链的后端、中端和前端进行优化,更加精准地锁定消费者、提前备货、消除库存。但仅仅依托电商一方也很难完成供应链的快速反应,电商的问题在于:①面料和设计不匹配:通常面料的选择应该先于设计,但目前大多电商企业面辅料完全外包,由工厂采购,出于库存考虑,工厂一般不会储备大量面料,因此在接到订单后再行采购就存在了很多不确定因素,而面料采购是影响补单速度的关键因素,部分公司仅面料采购就需要 45 天。②量少对工厂的议价能力不够:在用工荒的大环境下,如果不能成为一家工厂的主要订单来源,快速响应需求就很难满足,成本也会较高。

在面临刘易斯拐点到来、人口红利消失的背景下,未来上游工厂制造的重要性重新体现出来,议价地位有所提升。因此,在提价日益困难的背景下,实现快周转和成本控制都需要以供应链整合为基础,而供应链的整合以及品牌服装从订货制向配货制转变都需要线上线下同时发力。

作为服装消费大国,服装电子商务已势不可挡。纺织服装网络购物市场规模不断扩大的动力是服装作为日常消费品其重复购买率较高,需求产生的频率相对也较高,并且服装网购的渗透率也潜力巨大。纺织服装行业开展电子商务的"天然优势":首先,服装生产企业可以通过开展电子商务降低成本,提高效率获取利润,这是绝大多数公司开展电子商务的主要利润来源,特别是传统的国有大中型企业。其次,时尚的变化要求服装企业实时跟踪市场行情,电子商务通过对客户反馈信息的搜集,为企业实现这一目标提供了低成本的技术手段。最后,电子商务将促使信息与技术在国际间快速传播,至少在获取信息的能力上,我国服装企业将缩小与发达国家同行的距离。以网络技术为代表的"新经济"的发展,代表着发达国家又一次产业大升级,这将为我国带来巨大的市场空间,而电子商务,则可以成为我国服装企业进入这一市场的利器。因此,电子商务在服装行业中的应用潜力巨大。

目前,整个服装市场处在平稳增长,逐步活跃的上升时期。服装作为电子商务不可或缺的部分,近年来发展呈上升趋势。自 2009 年起,中国服装网购市场交易规模呈逐年增长趋势,其中 2010 年增长尤为迅猛,交易规模同比增幅高达 100.8%;2012 年服装网购市场交易规模达 3050 亿元,同比增长 49.9%(图 4-1)。预计服装网购市场交易规模 2014 年将达 5195 亿元,到 2016 年将突破万亿。可见,服装电子商务在中国发展的巨大空间与潜力。

浙江省是纺织服装产业大省,纺织服装也是宁波市主要产业之一,宁波市现有规模以上纺织服装企业多达 900 多家。伴随着走向繁荣的世界电子商务的潮流,宁波市许多服装企业 2007 年开始纷纷"触网"并表现出蓬勃朝气与活力,已从中取得了丰硕的成果。如专业从事时尚服饰产品设计、生产的"GXG"、"太平鸟"、"博洋"等企业已成为国内网络营销在时尚服饰应用领域的领头羊,2011 年通过网上渠道实现销售 15 亿多元,年增速达 400%~500%,其中"GXG"连续两年在每年"双 11"当天销售过亿元,"GXG"、"太平鸟"等发展势头迅猛,2013 年"双 11""GXG"当天销售达到 2 亿元,"太平鸟"当天销售达到 1.56 亿元,在全国服装网购市场中取于领先地位。目前,尝到电子商务甜头的我市服装企业有越来越多,网络

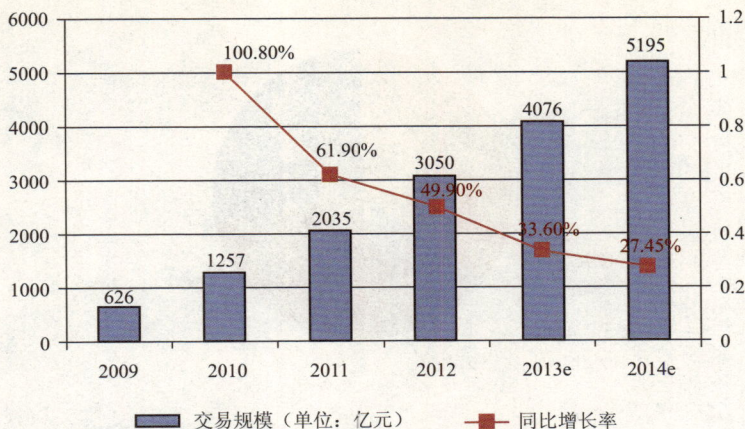

数据来源：中国电子商务研究中心

图 4 - 1　2009~2013 年中国服装网购市场交易规模

为这些企业带去的不仅仅是经济效益，而是对传统经营与管理模式彻底改变。

　　有关预测数据显示，至 2015 年，网络零售将达到 2500 亿元。面对如此巨大的线上市场，雅戈尔未雨绸缪自 2009 年起便开始试水电子商务，陆续将下属的子品牌——GY，汉麻世家推上电商平台。通过几年线上运营经验的积累，雅戈尔依托本身的产品研发、生产以及现代化仓储物流的能力，并借助第三方销售运营团队及物流作为终端配送的线上运营架构，正式在天猫、京东电商平台分别开设了 YOUNGOR 及 GY 的官方旗舰店。相比单纯从互联网诞生的品牌来讲，传统线下品牌上线销售有非常大的品牌优势和知名度优势。将这些优势变成线上的销售优势，是一种挑战。线下品牌的物流、服务等都会面临很多问题，解决这些问题的核心是思维模式的转变，而不单纯是技术问题。雅戈尔的战略非常清晰，在线上与线下的摸索与冲突过程中，最终走向两者之间的融合和平衡。在宁波，像雅戈尔这样的老牌名企"触电"不再是新鲜事物。

4. 服装已成为网购第一品类，渗透率较高

　　2012 年中国网购用户最常购买商品中，"服装、鞋帽、箱包、户外用品类"商品占比最大，为 38.7%。中国电子商务研究中心监测数据显示，2012 年服装网购规模为 3188.8 亿元，增长 56%，占整个网购市场的 28%，居为首位；3C 家电占了 24%，名列第二。可见，服装已经成为国内网购的第一大品类（图 4-2）。

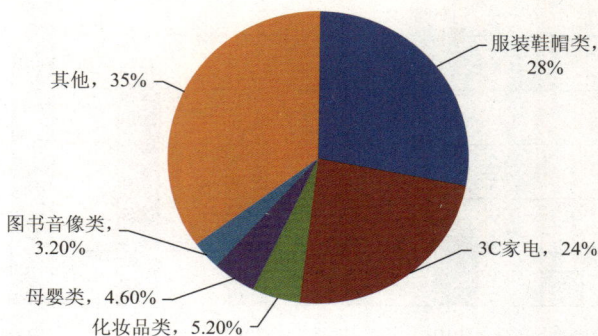

数据来源：中国电子商务研究中心

图 4-2　2012 中国网络购物市场各商品品类份额

同时,结合我国服装类社会消费品零售总额,服装网购渗透率逐年上升,从 2009 年的 5.69% 上升到了 2012 年的 16.51%。预计到 2014 年,中国服装网购在服装零售整体市场中的渗透率将提升到 23.6%(图 4-3)。

数据来源：国家统计局、艾瑞咨询

图 4-3　2009~2014 年中国服装零售市场规模及服装网购渗透率

2012 年我国服装网购渗透率高于美国 7.7% 以及全球 5.8% 的平均水平,这主要是由于消费结构差异所致。从国外经验来看,服装在欧洲网购市场也是第一大品类,但在美国和韩国则位居第二。韩国网购市场中,3C 家电是第一大网购品类（约占零售总额的 21%），其次是服装（约占 17%），但 3C 家电占比呈逐年下降趋势，从 2002 年的 33% 下降至 2012 年的 20.8%，而服装则呈现上升趋势，从 2002 年的 10% 上升至 2012 年的 16.6%。美国网购市场中 3C 家电也是第一大品类（占比 23%），其次为服装（占比 16%）。由此我们可以推断，由于我国网购和美国、韩国所处发展阶段不同，目前服装网购第一的位置某一阶段有被 3C 家电取代的可能，而 3C 家电普及率提升之后，又可能经历服装占比提升、3C 家电占比下降的过程。但鉴于纺织服装行业具有渠道费用高、渠道层级多，上线可降低渠道成本；毛利率较高，品牌商有较大空间可以在线上促销推广，而将中间费用让利给消费者；符合易备货、易配送的特征，因此，纺织服装类商品作为网购的主要品类这一趋势仍将保持不变。

5. "电商"渠道助力库存消化

近两年，由于经济环境持续的低迷，严重的库存让中国服装行业深陷困境。乐观估计，很多服装品牌消化大部分现有库存至少需要 1 年时间，而真正彻底清完不排除 2～3 年时间。有数据显示，截至 2013 年 4 月，纺织服装业已公布的 2012 年年报的上市公司有 50 家，库存合计约为 570 亿元，相比 2011 年库存增加 36.09 亿元，同比增长了 6.76%。

库存积压已经是纺织服装行业的，特别是服装业的一个行业性的问题。服装产品与其他行业不同，很容易过季，且生产存在一定周期性，较难做到"零库存"。同时，由于消费者的消费需求不确定性增强，而企业的决策层缺少时尚"感觉"、缺乏高效率的内部资源整合和与外部资源的协作能力，导致企业无法快速响应市场，故导致了库存的激增。此外，很多品牌为了发展，会采取以加盟店的经营方式为主，这种方式虽然扩张较快，但对渠道的可控性较弱，有些企业为了增加业绩会让加盟商增加订单量，从而导致在渠道积压的存货较多。

面对这种线下服装零售市场不景气库存高涨的现象，众多传统服装品牌转战电商市场逃离库存陷阱，而电子商务无疑成为其中最为便捷和实用的通道。2013 年 4 月 8 日，"李宁 For Vancl 48 小时限时抄底"活动开始，不到 24 小时，上架货品销售一空，提前结束。在这场抄底活动中，李宁的超低价产品低到了 19 元，无一款产品销售价过百。同时，我们看到包括美特斯邦威在内的多个品牌已经通过天猫直营店、唯品会等悄然进行了多轮网上消库存。实践表明，纺织服装企业发展电子商务对于减少库存和消化库存的作用较明显。亿邦动力网调研服装行业 2012 年电商状况发现,无论品牌商还是渠道商,都在借助电商疯狂清库存。而在清库存过程中,绝大多数服装企业 2012 年电商渠道业绩出现 50% 以上增长,而 17% 企业的 2012 年电商业绩增长一倍或更多。

一直坚持渠道为王的雅戈尔在产业链两端步步为营。近年来,雅戈尔服装品牌保持了年均 15% ~ 20% 的增长速度。目前,雅戈尔遍布全国的自营专卖店达 816 家,占总销售额的 44%,商场网点 1578 家,占总销售额的 40%,这两个主要渠道成为雅戈尔品牌形象的重要窗口和销售阵地,而 467 家特许加盟店以及公司总部特设的团购中心也进一步丰满了雅戈尔的销售终端。

即使在内需严重下滑、服装企业大面积亏损的 2013 年上半年,雅戈尔服饰货款回收依然取得了 6% 的增长,多维度的渠道功不可没。

6. 网购提升高端品类消费

据统计,2012 ~ 2013 年网购用户中,无论是单笔交易金额,还是月度消费金额,均较以前年度有着极大地提升,其中月消费金额超过 500 元的高价值网购用户比例增加最为明显。据统计,2012 年中国高端商品网络购物交易额达到 1632.7 亿元,其中 B2C、C2C 交易额分别为 307 亿元和 1325.7 亿元。按客单价来说,目前的网购格局中,淘宝以平均 90 元的客单价稳固占领网购低端市场,而另一方面,以高端时尚为主的高端 B2C 网站平均客单价为 550 元,国际精品客单更是高达 3500 元。网购市场的两极分化局势已经形成。根据调查显示,国内网购消费人群网购最贵商品的整体平均单价为 1344 元,高端人群网购最贵商品平均单价为 2589 元,普通消费人群倾向于购买 100 ~ 500 元间商品。目前高端品牌的网购渠道购买比例仅为 20.3%,未来高端品类网购占比仍有提升空间。这些数据表现,网购高度嵌入人们的生活,网购频率与单笔交易金额的上升增加了用户的网购黏性。这一特征在纺织服装电子商务市场中亦显著呈现。

纺织服装电子商务发展以来,其目标顾客主要定位于 20 ~ 30 岁人群,企业运用价格战、折扣等方式,走"性价比"路线,充分将线下高额的渠道成本让利来吸引消费者,这种在扩大市场规模的同时,给品牌也带来了极大的损害。近两年来,网上高端消费已开始呈现爆发式增长,各大奢侈品和高端服装 B2C 网站已开始兴起,如优众网、尚品网、走秀网、佳品网、玛萨玛索等。究其原因主要在于,目前我国高端网购人群仅占总网购人数的 3.8%,且主要为尝试性消费,随着网购渗透率的提高以及网购受众群体的成长,未来 30 ~ 40 岁年龄层的人群占比会提升,这部分人群收入水平较高,对价格敏感性较低,而对品牌和品质的要求更高,将会成为高端品类的消费主力。同时,未来线上低成本时代可能结束,即将迎来流量成本、人力成本、税收成本的上升阶段,低毛利难以保障经营成本,高端品牌不仅有较高的毛利率,而且受众群体价格敏感性不高、具有一定的品牌忠诚度,所以高端品牌利于培养客户黏性,降低对流量成本的依赖。从另一个角度看,由于我国存在一二三四线城市分级差异,高端品牌渠道下沉的速度较慢,高端电商的崛起恰恰填补了三四线城市中高端消费需求。

总体而言,纺织服装企业的线上渠道将逐渐从"性价比"路线转向"消费升级",尽管纺织服装高端网购增长速度低于整体网购水平,但高端品类占比正逐渐提高,未来仍将有较大上升空间。

(二)O2O 模式拓展,纺织服装电商跨界融合

所谓 O2O 模式,是线上网店、线下消费,即 online to offline,也就是说将线下商务的机会与互联网结合在了一起,让互联网成为线下交易的前台。如小米手机利用互联网这一平台,发动用户参与产品设计,其 MIUI 系统最大的特色就是定制主题,让用户创造主题模式,亲自参与设计,与用户进行互动,建立良好的用户体验和品牌口碑;类似京东、天猫等电商平台,则依托对用户数据的分析,发现用户的购物偏好并以此来推介产品,最大限度地提供网络服务平台。

通过 O2O,厂商的信息和实物之间、线上和线下之间的联系变得十分紧密,其关键点在于网上寻找和发展消费者,然后将他们带到现实的购物中,而与传统实体店面相比,这种模式也能更好地满足消费者的多方位需求,并且是线下体验服务,所以相对信任度更高,成交率也更高,且对消费者的信息反馈能够迅速掌握,从而不断推出适销对路的产品,灵活机动,降低库存压力。

对于服装行业而言,做好线上线下虚实融合的模式,充分借助互联网平台是前提,同时通过 O2O 模式更好地规范供应链和生产销售流程,以新的商业模式推动业务发展,能帮助企业更好地获得竞争优势。

近年来纵观纺织服装企业电子商务的发展,电商在实体店租金、人工成本上涨,网络购物蓬勃发展的背景下,为企业开拓了一个新的服装销售渠道。这既满足了服装企业清理商品库存,迅速回笼资金的要求,又能够借助网络品牌影响,吸引人气,提高消费者依赖度和信任度。因此,线上线下共同发展模式已被多数纺织服

装企业重视和采纳。然而,通过电商清库存对品牌商有利有弊:利的是可以资金回流;弊的是当消费者习惯了电商的低价格之后就很难再适应品牌商之前的定价策略,最终选择等待品牌商的折扣。对于品牌商来讲,不能只把电商当作清库存的下水道,重新梳理整合线上线下零售渠道才是最重要的。可以说,借助电子商务不仅仅提升了企业的利润,而且可以帮助企业的转型和升级,改变过去批量化的生产模式,实现了定制化生产,企业的重点也转移到产品的服务、品牌和创新,从而进一步提升产品的附加价值。

对于许多像杉杉、雅戈尔、李宁、罗莱这样的传统纺织服装企业而言,实施电子商务面临的最大障碍是线上与线下经营模式的"撞车"。由于企业在纺织服装领域已经营多年,并在全国和全球范围内建有相当完备的销售体系,如果所经营的产品在线上、线下的价格一样,网货就会失去竞争力;如果网上的价格低于线下,又无异于"左右手互搏",并会对品牌的形象与信誉在一定程度上带来负面影响;对于众多以加盟方式为主的纺织服装产品的经销者来说,开展网上销售将直接影响到代理商和加盟商的利益而导致代理商流失;对兼有大众化消费和个性化要求极强的服装类产品,也会因消费者网购时无法实现现场试衣而受到消费制约。因此,不少传统纺织服装企业的网上销售规模都由此受到限制,其经营的产品也均以物美价廉的中低档为主,网店更多的是起到清理库存与换季商品的作用。同一品牌的网店与实体店,在进货渠道、价格体系、考核体系、管理部门上存在两种不同模式的状况,已成为阻碍我国纺织服装企业做大、做强电子商务与网络营销的重要环节。企业对此的解决办法有多种:三维虚拟试衣、在线真人试衣、在区域配送站周边设立产品体验中心等。虽然可以在一定程度上弥补客户实际消费体验的不足,但终因技术不成熟或不能完美实现合体性等多方面的原因,并未能从根本上解决"线上"与"线下"的矛盾。因此,随着电子商务服务多元化的发展,以及产业链上下游控制的内在需要,目前已逐渐呈现出线上电子商务平台向线下实体平台扩张的趋势,不少企业已将线下品牌声誉迁移到线上,实现品牌声誉的共享。同时又充分挖掘网络消费群体的价值,通过搭建自己的品牌网络社区,或向其他网络社区的营销渗透,提高对网络消费者的吸引力,以便有效地促进线上与线下良性互动的新型营销体系的形成。长远来看,纺织服装企业线上线下的共生与融合趋势将势不可挡,这种融合可以是基于购物体验的融合,也可以是基于渠道功能互动的融合,这些模式与策略我们将在下文中进行详细阐述。

1. 雅戈尔线上线下双向互动

对于传统的纺织服装企业而言,不"拥抱"线上是逆时而行,"拥抱"线上又好像是背后受敌。在这种窘迫的情况下,纺织服装企业开展电子商务时比较关注对线上线下利益的权衡,在线上尽可以的实现差异化区隔,有针对性地选择线上产品品类。从纺织服装企业近年来电子商务的发展来看,多数企业以产品品类供应区隔、产品供应节奏不同步等策略,平衡线上线下利益。

2012 年 5 月 10 日,国内服装业巨头雅戈尔携手中国最大的综合网络零售商京东,达成长期战略合作,重磅推出雅戈尔京东官方唯一授权店正式完成其触"电"进程。

2013 年,宁波纺织服装企业领头羊雅戈尔,线下男装品牌雅戈尔入驻天猫商城,官方旗舰店于 2013 年 4 月 12 日正式开业。线上主推商务男装雅戈尔品牌及旗下时尚男装 GY 品牌。雅戈尔天猫旗舰店与电商整体托管公司瑞金麟全权代运营。

雅戈尔之所以开启线上渠道并选择 GY 品牌,主要是针对新的年轻消费群体在线上进行品牌传播。据调查,雅戈尔在线下门店 80% 以上都是其自有渠道,所以在平衡线上线下利益时,必须要特别考量线下渠道利益。同时,对于服装品牌尤其是高端服装品牌,其线下体验相当重要。因此,当雅戈尔在做电商时候,更注重推广其单品,比如汉麻系列产品、GY 产品等,而在目标受众的选择上更有针对性,更加贴近年轻消费者。

尽管相比博洋、太平鸟等服装品牌,雅戈尔是后来者,电商运营尚处初探阶段,但公司将进一步利用营销网络、物流配送以及信息化传导等资源优势,强化线下的展示、体验以及增值服务功能,与线上平台形成充分的双向互动,以渠道的深化优化来提升雅戈尔的美誉度和业绩增速。

2. 太平鸟魔法风尚"精细"电商

2013 年,太平鸟成为工信部"大企业电子商务和供应链信息化提升"试点工程项目。电子商务行业已经度过了粗放式增长的阶段,进入了电商品牌的时代。对于大多数企业来说,电子商务早已不是简单的网上售货,而已经成为贯穿整个企业的核心战略。在我国电商发展的初期,一些观点认为:经过十几年发展,美国电商占比始终不高,仅被看作"实体零售的补充",参照美国电商发展历程,由此类推认为电商对我国实体渠道的冲击也不会很大。然而事实表明,与美国不同,我国电商网购走了一条"跨越式发展"的道路,国内网购占比提升迅速,现在已经超越美国及全球平均水平。从已有数据可以看出,美国在2000年网购社会消费品零售总额占比仅为0.9%时,高速增长期即已结束,之后平均增速仅维持在17%左右;韩国高速增长期也早已结束,2005年达到40%增速,之后仅维持在10%~20%的水平。目前,中国虽然网购占比已高于美国,但仍处于高速增长期,2005~2012年国内网购市场规模复合增速为89%。

从订单复合增速、各线城市消费者在线消费钱包份额以及品牌成交情况均可以看出,国内网购正在快速向三四线城市下沉。未来随着网民渗透率、订单转化率的提高以及移动互联网作为新平台的推出,我国网购发展依然有较大空间。由于实体零售的发育程度、网民渗透率等诸多不同,我国网购的快速发展可能会更加持久。因此,纺织服装企业利用电子商务拓展品牌的空间仍较大。

太平鸟是国内极早涉足电子商务的企业,2007年成立太平鸟魔法风尚服饰有限公司,是以网络销售为主要业务的新兴B2C电子商务公司。太平鸟2013年的线上销售额达到1.8亿元。目前,太平鸟在天猫商城上的月销售额保持在2000万元左右,几乎与线下一家单店一年的销售额相当。2010年首次参与电商"双11"庆典,太平鸟"魔法风尚"单日销售就突破800万元,成为线上品牌一匹不折不扣的黑马。在2011年的"双11",已整装待发的"魔法风尚"创造了5168万元的神话销售。而整体经济环境不被看好的今年,"魔法风尚"在"双11"的品牌混战中突出重围,以7600万元的销售业绩刷新了历史纪录。

太平鸟的业绩得益于2007年金融风暴期间的转型升级,太平鸟重创意、强品牌,独辟蹊径的创意快时尚发展路径迅速为其在国内服装业奠定独一无二的地位。为了打造全新电子商务运营平台太平鸟对其电商进行三个定位:一是建设和优化线上渠道,实现电子商务品牌零售业务健康发展;二是探索全新、高效、互动的供应链模式和品牌营销模式;三是为未来O2O线上线下联动的立体零售新模式奠定基。三个定位也是太平鸟内的战略目标。

太平鸟虽然很早就有了自己的电商平台——官网,但传统品牌企业发展电子商务必须要经过一个平台试水的过程。由于线上线下的发展和变化速度存在差异,它需要不断试水,电子商务要慢慢地从粗放化向精细化发展才能形成良性的电商环境。

电子商务线上线下整合。在统一客户线上和线下的体验方面,太平鸟在做四

个方面的工作:

（1）商品层面:统一电商和渠道的新品上市模块、波段、商品铺货、补货计划、商品库存调拨,价格保持一致,更多地通过订单的促销管理而非单品的促销管理来操作。

（2）营销活动:促销商品的确定与库存调拨、促销方案的批准（报备品牌公司）以及社会化媒体营销等。

（3）市场推广:线下推广活动的提交和线上同步、线下需宣传的信息提交和线上同步,推广资源的分配（新媒体）、推广方案策划与实施（电子商务的推广相对可量化,可通过 CPC、CPA 等方式量化）等。

（4）会员的打通:基于订单而非单品的营销策略,处理线上和线下的价格差距。

太平鸟改版的官网中设立的品牌馆和陈列馆都使用了线下品牌的元素,同时,最近乐町女装、太平鸟男装的微电影等也都是与电商推广部门一起整合资源进行的互联网推广营销。目前,太平鸟电子商务渠道占总销量 5% 左右,未来增速会大于线下。随着移动互联网的崛起,未来的零售是无边界的,电商也好,门店也好,都应该是体验和销售落地的地方,简化流程,减少中间环节,让品牌在消费者面前还原其本质是最关键的。很多传统企业把互联网当作一个辅助性的盈利手段,在线下做得非常好,而电子商务却只是浅尝辄止,认为它毕竟不是传统企业的核心。其实,现在 40~50 岁的人也在使用互联网购物,同时 90 后已经开始步入社会,消费群体及消费习惯已经在发生了改变,企业必须做好准备以应对这些变化。2013 年太平鸟实施新的分销系统,同时也在打造新的电子商务后台系统,目的是实现统一配货、统一视图和交互管理等功能。另外,将门店的很多零售分析模型也根据电商的特点做修改部署,帮助品牌公司的商品和零售营运人员实时了解电商的客流以及产销率情况。

涉入移动互联网。太平鸟会开始尝试移动互联网的应用,移动终端是个很好的载体,能很好地实现对于消费者的识别和互动的统一管理。

同时,太平鸟坚信,"快时尚"同样也是电商时尚服装企业发展壮大的重要路径。公司精简了所有能精简的部门,着重突出设计与营销两大职能,太平鸟轻松把握住了微笑曲线的两端。特别是在成立线上 B2C 平台"魔法风尚"后,太平鸟更是意识到以顾客体验为核心的电商其实是快时尚模式的集中体现。

电商不仅是一个与实体互补的新兴销售渠道,更重要的是通过电商数据的分析,能让企业在售后服务、后续产品研发等方面有更多积累,也是一种发展模式上的创新与兼容。网络销售相比传统销售,客户需求、群体等统计更加准确,营销的点对点特性更加明显,反映也特别明显。同时,它也对运营者的执行力等提出了更高地要求。因此,在服饰产品的设计方面,太平鸟在线上品牌"魔法风尚"上加入更多地网络时代的文化要素。"魔法风尚"的设计团队可能是太平鸟里视野最广、反应最快的了。"魔法风尚"将自己定位为太平鸟品牌服饰群的线上整合平台,通过更好地搭配展示、更多地优惠让消费者方便、快捷享受到时尚的高品质服饰。可以说,太平鸟通过创意"快时尚"模式成为国内品牌时尚网络零售的领先者。

3. 博洋"试水"跨境电商

博洋控股集团前身是永丰布厂,创立于 1958 年,是中国纺织行业的先行者。作为宁波纺织产业改革的示范企业,经过十几年的发展,现已成为一家拥有数十亿资产、16000 多名员工、涉足家纺和服装两大产业以及房产、商业、产业投资三大项目,控股旗下 30 余家企业的综合性集团公司。

博洋始终坚持发展并做强电子商务,他们认为线上渠道不仅可以成为线下销售的有力补充,甚至可以单独撑起一个品牌的运营。2008 年年底,博洋初次试水电子商务。2009 年,博洋家纺开出了在淘宝网的第一家集市店,8 月在淘宝商城的旗舰店正式营业,11 月线上单日销售额达到了 20 多万。这让戎巨川又惊又喜。2010 年 1 月,博洋家纺电商成立为独立公司,"双 11"时,博洋家纺线上的单日销售额高达 2156 万,这一天成为博洋电商也是中国家纺史上一个里程碑式的日子。2011 年"双 11"活动中,博洋家纺再次蝉联同类品牌第一,当天销售突破 6000 万,加上旗下的唐狮服饰、博洋家纺、艾维家纺、涉趣女鞋、艾夫斯服饰、德玛纳女装等十余个品牌,博洋整体销售额则突破 8000 万元,这也是迄今为止中国家纺行业在电子商务史上的最高纪录。

值得一提的是,为牢牢抓住跨境电商发展机遇,博洋控股集团于 2013 年 12 月,注册成立了宁波安银古诚贸易有限公司,为集团旗下全资子公司及跨境电子商务品牌运营平台,成为行业的又一典范。当前,我国跨境电子商务发展迅速,企业建立直接面向国外买家的国际营销渠道,降低了交易成本,缩短了运营周期。与此同时,新兴市场正在成为亮点。巴西、俄罗斯、印度等新兴市场交易额大幅提升,为境内众多跨境电子商务零售出口平台快速发展做出了重要贡献。在商品品类分布上,进口商品主要包括奶粉等食品和化妆品一类的奢侈品,规模较小;出口商品则包括服装、饰品、小家电、数码产品等日用消费品,规模较大,每年增速很快。博洋将依托国内外电商平台,主要发展进出口两方面的业务。目前,公司主营业务为进口产品的国内线上平台外贸零售和出口产品的国外线上平台外贸零售,运营事务包括:货品的规划、采购与管理;线上平台运营;售前与售后客服;跨国物流与仓储监控等。涉及的平台包括:阿里速卖通、eBay、亚马逊国际、日本乐天等,众多国外电商平台,以及天猫、京东等国内平台。

相对于传统外贸方式,跨境电子商务在交易方式、货物运输、支付结算等方面与传统贸易方式差异较大,还面临不少发展的瓶颈。国务院办公厅转发商务部等部门《关于实施支持跨境电子商务零售出口有关政策的意见》,针对跨境电子商务发展过程中面临的报检繁琐、通关难、无税收优惠等问题,拿出一系列破解方法和支持政策,这将对促进跨境电子商务发展起到积极作用。与此同时,宁波市政府允许跨境贸易电子商务企业在宁波海曙区及保税区,经过核准后开展网络零售业务,企业以货物方式申报进口,进入海曙区或保税区进行保税仓储,待网络订单生成后,以个人物品方式申报出口,由电子商务企业办理申报并缴纳行邮税。这将推动进口商品的跨境贸易便利化和进口商品市场建设,也为区域经济转型发展注入了新的活力。

在未来两三年里,安银古诚必定为推动博洋集团成为宁波及浙江地区重要的跨境电子商务贸易发展和产业多元化而努力,尽力提高集团在全球电商时代的市场占有率。公司将依托各类信息服务,向涵盖贸易信息流、物流、资金流的交易全流程跨境电子商务综合服务方向发展,从而有效促进集团跨境电子商务的发展。

4. 罗蒙"电商"后起之秀

罗蒙的电子商务起步较晚也较为波折。罗蒙的电子商务总经理李俊曾在2009年和2010年两次提议老板做电商,但均被否决。直到2011年8月份,罗蒙才正式决定进军电商。

罗蒙的电商业务以独立公司的形式进行运营,从财务到产品设计、生产、供应链管理全部独立运作。罗蒙线下品牌主打商务正装,罗蒙的线上产品就改走时尚系列,由以往以售库存为主转变为单独开发,避免线上线下冲突。

罗蒙上线首年电商业绩过千万。2011年和2012年的销量分别为3157万元和9208万元(仅男装),成长势头良好。2013年"双11"活动中,罗蒙电子商务实现销售8560万元,位列天猫商城男装区第三位。2013年全年,罗蒙电子商务销售量达

6.9 亿元,占总产值的 10%。2014 年,罗蒙电子商务的目标销售量为 10 亿元。可见,电子商务已成为近年来罗蒙集团新发展起来的一块重要业务,成为企业主要的增长点。

(三)移动电子商务成"触电"新模式

2013 年是我国移动互联网产业高速发展的一年。移动电子商务是指利用手机、PDA 及掌上电脑等无线终端进行的 B2B、B2C 或 C2C 的电子商务。它将因特网、移动通信技术、短距离通信技术及其他信息处理技术完美地结合,使人们可以在任何时间、任何地点进行各种商贸活动,实现随时随地、线上线下的购物与交易,以及在线电子支付和各种交易活动、商务活动、金融活动等相关的综合服务活动。可以说,移动电子商务是电子商务、线下零售和移动互联网三个行业的交叉点,这三个行业本身都在高速增长。未来移动电商的前景将十分引人瞩目。据全球知名的移动互联网第三方数据研究与营销服务机构艾媒咨询(Iimedia Research)数据显示,2011 年中国移动电子商务市场交易规模为 156.7 亿元,同比增长 609.0%;预计到 2015 年将超过 1000 亿元,达到 1046.7 亿元。据国际电信联盟数据显示,到 2013 年底,全球网民总数突破 27 亿人,全球移动联网设备终端数达到 68 亿台,几乎等于地球上的人口总和。截至 2013 年 11 月,中国网民数量达 6.04 亿人,其中手机网民达 4.64 亿人,手机已成为第一大上网终端,中国互联网全面进入移动互联网时代。

移动互联网的高速发展,推动电子商务加速从 PC 互联网电子商务迈向移动电子商务的新阶段。据中国电子商务研究中心监测数据显示,2013 年全国移动电子商务用户规模达到 3.73 亿人,同比增长 50%。电子商务发展正迈向移动电子商务新阶段,预计 2015 年将有 50% 以上的交易通过手机完成。可见,移动电商的发展前景备受看好。

从移动电子商务市场看,据淘宝网数据显示,国内通过移动平台进行交易的用户数量快速增长,2013 年"双 11"活动中淘宝移动客户端成交额为 53.5 亿元,是 2012 年(9.6 亿元)的 5.6 倍,共成交 3590 万笔交易,占淘宝整体成交量的 21%。同时,京东、易迅、苏宁和亚马逊等国内主流电商平台均通过专享优惠、随时推送和赠送流量等方式加大对移动客户端的推广力度。移动电子商务迅速成为电子商务的关键渠道。同时,移动电子商务将带动 O2O 业务模式的快速成熟,快速打破线上、线下业务隔阂。

在国内移动互联网用户数量持续增长、市场需求多样化的带动下,传统产业、互联网内容服务商和新兴力量基于移动思维的跨界融合步伐进一步加快,涌现出一系列多向性、全角度协同创新打造的成功企业、产品和服务平台。随着移动互联网成为互联网应用的关键入口,免费开放式平台、"轻资金"和"轻工厂"的现代物流供应链、移动微电商和移动微媒体等移动互联网思维真正渗入各个传统行业,与行业内部资源流程深度整合,带动传统业务流程重构和商业模式创新。2013 年 8 月,我国政府出台了《关于促进信息消费扩大内需的若干意见》,将信息消费提升为国家战略,促使国内移动互联网产业迎来广阔的发展空间。2013 年 12 月,工业和信息化部向国内移动、联通和电信三大运营商颁发了 TD – LTE 制式的 4G 牌照,4G 移动网络在我国正式进入商业化运营阶段。预计 4G 牌照颁发将在 2014 年带动千亿元级产业投资,发展 4G 用户超 3000 万户,全面开启覆盖国内移动互联网全产业链的新一轮快速发展周期。

2012 年 9 月,工信部正式将宁波列为全国 13 个 4G 规模试验试点城市之一,宁波正式启动 4G 试验网一期工程建设。按照市政府一城二区一中心的电子商务整体建设思路,海曙区和江北区将成为宁波电子商务产业发展的集聚中心。

在移动互联网电子商务兴起之时,上线、融合,成为今年服装行业最为热门的话题。宁波纺织服装企业挺进潮头。雅戈尔、太平鸟服装企业纷纷开启移动电子商务业务,相继推出了基于 iphone、ipad 和 Android 的手机客户端。在客户端里,打通了其后台数据库,让用户可以登录账号、查询账单,更能用手机完成商品查询并下单。在这些服务之外,利用手机特性,不断降低下单门槛,激发用户的消费欲望。而这,只是服装企业进入移动互联网的一个小小的缩影,但标志着服装行业已经开始有意识的加快了与移动互联网的融合发展。这些都向外界传递了一种明显的信号:传统服装行业开始转型升级,加快了与移动互联网产业的融合的步伐。对于服装行业来说,这种新型模式的创新与探索,最终带来的不仅仅只是经济效益的丰厚回报,更是服装行业跨时代的发展印记。

事实上,服装行业与移动互联网的融合发展既是行业自身扩大产业规模、提高行业利润的需要,同时也是服装行业未来发展的必然趋势。随着线下市场竞争的日益激烈化,服装行业急需开拓新的销售渠道和新的销售市场,而移动互联网电子商务的崛起为服装行业解决这一需求创造了条件,而且,在移动互联网高速发展的今天,移动互联网的影响已经深入到各行各业,服装行业融合移动互联网发展,这是恰巧赶上了这一时机。

（四）行业"电商"发展模式与策略建议

传统纺织服装行业的未来发展模式将是线上与线下协调发展,线下专卖店的功能将向展示倾斜,而线上或演变为销售的主要渠道。线下渠道租金不断上涨,较大程度削弱了企业的盈利空间;同时消费者的购物习惯在逐渐发生改变。综合而言,纺织服装企业发展电子商务的模式主要是线上线下的共生模式,具体地有以下两种模式可以借鉴。

1. 基于消费体验的线上线下融合

纺织服装企业开展电子商务时,线下零售店需锁定客户并直接推动交易,就要提供与线上不同的购物体验,提供消费附加值,用实体店里的即时体验助推即时交易。例如,C&A 利用实体店内的数据驱动开展营销。C&A 在巴西的一家专卖店开发了一个 Facebook 应用,消费者可以通过此应用浏览该品牌当季的款式,并对喜欢的款式点"赞"。这些"赞"与圣保罗的一家专卖店衣架上的实时计数器同步,显示线上点"赞"的人数,消费者可以在线下看到哪些款式是线上评价最好的。共有 8800 万人参与了这一活动,在刚开始的短短几个小时内就有 6200 条回复,并在网上被提及 1700 次,而在线下的实体店内,被"赞"次数较高的款式也比 C&A 以往任何款式都售罄得更快。线下零售可以利用数字技术来增强线下体验,从而与线上产生有效互动。此外,CAP 最近也推出一项名为"Reserve – in – store"的服务,这种 O2O 模式让消费者在网上预订,而最近的实体店为其保留两天时间,鼓励消费者到实体店试穿、取货,从而促使消费者多花时间在店内。经验表明,当消费者进店后,往往购物比线上会更多。

纺织服装企业运用基于消费体验的线上线下融合模式,还可以关注消费者获取产品或服务的方便性。例如,北面(The North Face)利用实时地点技术针对超级粉丝群推出一个 APP,消费者逛街时只要 500 米内有其零售店,该应用就会像闹钟一样响起提示消费可以进店体验,在强化消费者体验的基础上优化了购买的便利性。纺织服装企业也可以学习其他零售业的成功经验有效实现线上线下融合。例如,可以仿照零售巨头沃尔玛,在线下为移动购物应用优化出一个"店内模式(in – store mode)"或"扫描即得(scan – and – go)"功能,为店内消费者简化付款环节,只需用手机扫描商品即可跳过结账步骤,从而提高购物便利性。即可学习传统零售企业乐购,在消费者上下班路上设置虚拟货架,推出二维码移动购物,消费者只需利用在等车等零闲时间扫描商品二维码,用手机支付后,即可在家坐等收货。可以推断,移动支付与移动电商将会形成未来纺织服装零售业的一大亮点。

2. 基于渠道功能互动的线上线下整合

传统纺织服装企业普遍把渠道进行区分运营,当电子商务开展以来,却需要企业走向全渠道融合,线下要为线上提供体验,线上的网站和促销邮件也可以给线下带来客流。基于渠道功能互动的融合是把所有渠道的功能结合起来,以提供更集中更全面的消费者体验。为此,纺织服装企业可以采用"店商 + 电商"的模式,线上线下同价,消费者线上获取线索,线下体验,实现线上线下渠道功能的有效互动。在未来的纺织服装零售业中,线上线下之间的边界会更加模糊,相互渗透融为一体。

除了上述共生模式以外,我们注意到随着电商行业的日渐成熟,无品牌的"草根"时代正在慢慢结束,电商品牌化时代俨然来临。纺织服装企业线上销售电子商务的发展正从价格战到价值战过渡。在电商服装领域,最近一个颇被关注的消息则是以纯电商品牌 A21。2013 年 1 月,以纯关张了自己的天猫旗舰店、两个独立商城网站和京东商城以纯官方旗舰店。就在业界对其做法摸不着头脑的时候,3 月21 日,以纯又携其全新电商品牌 A21 重新杀回电商江湖。A21 定位明确——专为年轻人打造的时尚买手品牌。他们从两个方面入手支撑这一品牌定位,凸显品牌性格,即时尚买手和优质优价。很显然,A21 是以纯精心打造的全新电商品牌:利用了以纯成熟的产业链系统,同时采用独立团队设计、独立生产和网络专供的销售模式,使之与传统电商以区分,在延续了一些传统模式的优点之后,又试图解决传统模式的"价值及品牌塑造"难题。不管未来 A21 之路如何,这种提升电商品牌价值的做法值得肯定,品牌化经营无疑在塑造良好的品牌形象的同时,也提升了产品的品质,带给消费者更多的附加价值。

综上所述,纺织服装企业发展电子商务任重而道远,需要在很多方面下工夫,其有效地发展需要注意以下几个方面:

(1)注重电子商务人才培养,打造专业的服务团队。电子商务平台的建设是一项系统工程,需要优秀团队共同完成。这一方面,要重视人才,应制订中长期人才引进战略,完善人才激励与约束机制;另一方面,研究人才开发战略,立足内部,从转变员工的观念和提高员工素质入手,不断进行员工培训,逐步形成一支专业化的素质高的工作团队。

(2)借助成熟的第三方电子商务平台,宣传推广产品。电子商务也是眼球经济,初创的电子商务平台要与成熟的、有知名度的第三方电子商务平台合作,分享人气流量,提高交易量,达到初步的宣传推广作用。

(3)加强商户的培训力度,提高应用电子商务的积极性。全方位多角度提供电子商务课程培训,提高商户的电子商务应用意识和能力。培训内容丰富,形式多样,使多方广泛参与。

(4)创新服务模式,提高电子商务服务水平。专业市场电子商务平台的建立,为商户提供的不仅是网站维护和线上推广的服务,更重要的是要参与商户的电子商务活动中去,甚至有些服务要对商户进行全程指导,为商户提供有力的服务保障。

(5)提高重点商户电子商务运营能力,树立实践榜样。专业市场电子商务发展还处于起步阶段,整体应用水平较低,商户积极性不高。针对这种情况,市场需要集中力量,筛选优质商户,进行重点培养,从各个方面给予支持和帮助,使之在电子商务实践中取得实质性成就,从而带动那些观望的或投入不足的商户。

(6)加强政府引导和扶持力度,是电子商务发展的有力保障。据调查,在有电子商务成交额的市场中,政府或管委会支持的电商网站成交额占到97%。由此可见,地方政府部门在资源整合、规范市场运作、税收财政给予扶持等方面提供保障,可促进电子商务健康稳定发展。

第五篇

纺织服装技术与生产研发

在全球经济增速放缓、传统纺织品市场普遍不景气的形势下,欧美和日本等经济发达国家的纺织业为提高产品附加值、扩大产品销售额,充分利用先进的科学技术,积极开发高科技纺织品服装,取得了显著的成果。

我国纺织服装企业虽然也对高科技纺织品服装有所研究,但总体来看,研究开发力度还很不够,科技含量高的产品比较少,与发达国家存在较大的差距。有关资料显示,国外纺织企业在我国申请的纺织发明专利长期领先国内企业的申报数量。面对欧美和日本等国日益增高的技术性贸易壁垒,尤其是绿色壁垒,我国纺织品出口受到了严重影响。纺织品市场竞争日趋激烈,要提高纺织品服装的国际竞争力,就应采取积极措施,提高产品的科技含量,开发新高科技产品和多功能性产品。多年来,宁波纺织服装企业加大研发力度,开发服装业技术研发平台,研发一批具有自主知识产权的服装以及关键性技术的项目,重点提高信息化技术在服装上的应用。加强服装设计知识管理与敏捷设计、服装结构设计数字化、服装工艺设计数字化等研发工作。

2013 年,宁波市规模以上纺织企业用于科技活动经费支出 99788 万元,同比增加 5.85% ;工业销售产值上升 0.21% ,而新产品产值同比上升 5.70% 。

一、宁波纺织服装产业科技研发能力和技术水平

根据美国北卡大学教授 Peter Kilduff 的纺织服装产业发展阶段衡量,宁波纺织服装产业正处于从"多元化整合期"向"量 – 值转变期"转型过程中,这一过程的主要特征包括:产品更加宽泛和多样化;产业发展速度减缓;成衣出口量增幅减缓或停滞,出口产品中高附加值产品比例逐渐增加;产业整合升级,并在区域上呈现多样化;高档产品生产加工、原创设计和自由品牌将进一步发展。总而言之,"多元化转型期"的纺织服装产业竞争优势主要体现在中档成衣产品,"量 – 值转变期"的纺织服装产业竞争优势主要体现在高品质的流行产品和高科技含量的纺织服装产品。这一转型期更加注重技术以及科技研发和创新能力。

如表 5 – 1 所示,为宁波纺织服装产业相关领域部分科技研发成果及代表企

业。如表 5 – 2 所示,为宁波及其周边纺织服装产业部分研发领域概况。表 5 – 3 所示,为 2012 ~ 2013 年度宁波市纺织服装企业获各类各级科技进步奖的统计。

表 5 – 1　宁波市相关领域部分科技研发成果及代表企业

领域	主要科技创新成果	代表企业
纤维材料	高强·高模聚乙烯纤维,年产 1800 吨高强聚乙烯纤维的生产能力 高性能 PE 纤维"UD"无纬布、高性能软质防弹衣、高性能轻质防弹头盔、防切割纺织面料、高科技功能性服装面料等系列新产品	宁波大成新材料股份有限公司
	再生纤维——高档的差别化、多功能短纤维;"大发牌"再生中空涤纶短纤维被评为"中国重点推广和培育的著名品牌"、"浙江省名牌产品"和"宁波市高新技术产品"	宁波大发化纤有限公司
	年产 4000 吨超细纤维织物生产线	慈溪市新兴化纤厂
纱、线	环锭紧密集聚纺系统关键技术研究及应用成果打破了国外技术在紧密集聚纺领域的垄断,填补了国产环锭紧密集聚纺设备市场空白	宁波韵升股份有限公司
	系列色纺纱改变了先纺纱、后染色的传统流程,代之先对纤维染色再纺纱,即达到纱线色彩表现效果,又达到节能减排的目标 紧密纺、赛络纺、转杯纺、竹节纺、段彩纺等纺纱新技术在色纺纱的生产领域得到广泛应用	宁波百隆东方股份有限公司
	系列高档涤纶缝纫线产品,如棉包芯线、高强线、涤纶长丝绣花线、防水线、阻燃线、特种专用缝纫线等	华美线业
面料	各种功能性及新型纤维家纺和服装面料,如莫代尔、丽赛纤维、大豆纤维、牛奶蛋白纤维、甲壳素纤维、玉米纤维、竹炭纤维、麦饭石等 新型功能整理,如抗皱免烫整理、抗菌防螨整理、芳香整理、三防(防水、防油、防污)整理、阻燃整理、防蚊整理、清新(消除异味)整理等	维科集团、宁波广源
	汉麻技术及其系列产品	雅戈尔

续表

领域	主要科技创新成果	代表企业
印染	推广应用活性染料冷轧堆前处理及染色、数码印花、涂料印花等一批印染新技术,大量采用了电子分色制板、自动调浆、在线检测等先进电子信息技术,提高了面料质量的稳定性和附加值。面料后整理由抗菌、抗皱等单一功能的整理发展至为提高织物附加值而进行的多功能整理,应用也越来越广泛,突破了服装、家纺等传统消费品领域,逐渐拓展至电子、医护、建筑等产业用领域	雅戈尔
产业用纺织品	具有优质的网面,能承受超高张力,并具有良好的张力稳定性和网版使用寿命长的高档丝网生产技术,在印花、包装、陶瓷、贴花、皮革、玻璃制品等行业得到广泛应用	维科集团与日本 KB Tsuzuki 株式会社合作,引进一批具有国际先进水平的专业生产设备
服装	宁波服装企业在国内率先进行大规模技改引进国外先进设备、率先引进国际上专业人才管理企业、率先进行企业 CI 策划、ISO 质量认证。CAD 技术为服装业带来了前所未有的技术革命。它提高了制衣用样板和图纸的制作效率和质量,使公司的产品设计、开发周期大幅缩短,从而使产品快速推向市场	主要大型服装企业
其他	在传统的服装、轻工领域应用纳米技术,走出了一条通过应用高技术提升传统产品性能赢得市场优势的新路子。主要产品有纳米自洁领带、丝巾等	宁波的艾利特服饰有限公司

表5-2 宁波及其周边纺织服装产业部分研发领域概况

名称	类型	重点研究及服务领域
宁波市印染水减排与资源化研究重点实验室	市级重点实验室	纳米材料在工业污水资源化中的应用研究;印染污水资源化应用研究;造纸污水资源化应用研究
宁波市先进纺织技术与服装 CAD 重点实验室	市级重点实验室	功能性、生态性纺织品及服装的研究与开发;新型制造设备及其工艺的研究;纺织计算机应用技术的研究;纺织 化学研究等

名称	类型	重点研究及服务领域
中科院（宁波）材料技术与工程研究所	科研院所	相关领域：纤维材料、高分子材料等
慈星针织机械工程技术研究中心	材料所与宁波慈星纺机科技有限公司共建	针织机械材料和相关产品的研究
超高强聚乙烯纤维及其复合材料工程技术研究中心	材料所与宁波大成新材料股份有限公司共建	超高强聚乙烯及复合材料的产业化研究和特种纤维的研究
兵科院宁波分院	科研院所	相关领域：功能性、特种防护等方面研究
宁波大学	高等院校	本科及以上层次服装设计等相关领域人才培养
浙江纺织服装职业技术学院	高等院校	专科层次纺织服装产业发展所需的各类人才培养。专业设置涵盖纺织服装产业链
宁波和丰创意广场	信息平台	创意设计、交易及公共服务平台
毛纺织染整研发中心	省、市级企业工程技术中心	高档功能性精毛纺面料的重要研发、试验、检测、评价基地
梭织面料研发中心	省、市级企业工程技术中心	梭织面料生产工艺及其后整理技术的研究和产业化应用
服装辅料研发中心	省、市级企业工程技术中心	拥有国际领先的试验、检测仪器设备和专业技术人才，长期致力于黑炭衬、黏合衬、配套胸衬、腰衬、树脂衬、垫肩、口袋布等系列近百个服装辅料品种的设计、研发、检测工作
服饰品牌研发中心	省、市级企业工程技术中心	重点以服饰品牌研究、服饰流行趋势预测、高档精品男装设计，国内外服装展示布馆设计为中心任务

续表

名称	类型	重点研究及服务领域
信息技术工程中心	省、市级企业工程技术中心	通过产学研的合作和国际资源的融合,建成了一个集成客户关系管理(CRM)、企业资源计划(ERP)、产品数据管理(PDM)、制造执行(MES)、供应链管理(SCM)的纺织服装供需链电子商务系统,从而构建了集团业务协同的全程供需链,优化了企业业务流程和组织结构,增强了产、供、销协同运作的能力,提高了企业市场快速反应的效率,全面实现了信息流、物流、资金流、商流,以及人力资源、客户、供应商等资源的有效管理和充分共享
物流配送研发中心	省、市级企业工程技术中心	对如何提高物流作业效率、降低物流作业错误率、降低物流运作成本、迅速掌握分销分配信息等课题展开研究,以实现最佳的社会效益与经济效益

表5-3 宁波市纺织服装企业2012～2013年度获各级各类科技进步奖统计

序号	项目名称	获奖单位	获奖等级
1	HP全自动电脑横机关键技术研发及产业化	宁波慈星股份有限公司	2013年度中国纺织工业联合会科学技术奖一等奖 2013年宁波市科技进步一等奖
2	洗毛用主要功能助剂及品质检测系列仪器的研发	宁波检验检疫科学技术研究院、宁波纺织仪器厂、利华(宁波)羊毛工业有限公司等	2013年度中国纺织工业联合会科学技术奖三等奖
3	利用废聚酯类纺织品生产涤纶短纤维关键技术研发及产业化	宁波大发化纤有限公司	2012年度中国纺织工业联合会科学技术奖二等奖 2012年宁波市科技进步三等奖

序号	项目名称	获奖单位	获奖等级
4	高支纯棉织物 DP 免熨形态记忆功能关键技术研发及产业化	雅戈尔集团股份有限公司	2013 年宁波市科技进步二等奖
5	高效环保洗毛剂、洗毛检控技术装备集成创新及其产业化	宁波检验检疫科学技术研究院、利华(宁波)羊毛工业有限公司、宁波纺织仪器厂等	2013 年宁波市科技进步三等奖

从上述三表分析,宁波纺织服装产业在功能性纤维材料、色纺纱、绿色环保面料应用等领域的研发有一定的优势,但就总体而言,产业整体的科技研发水平和研发能力相对比较薄弱,中高档面辅料专业市场缺乏,服装设计领域发展相对滞后,这些使整个纺织服装产业链欠完善,成为提升产品档次与产业竞争力的软肋。

二、宁波纺织服装产业技术创新的重点领域

根据《宁波市纺织服装产业"十二五"发展专项规划》和《宁波市"十二五"科技创新发展规划》,在未来的 5～10 年内,宁波市纺织服装产业将从劳动密集的制造环节突围,向产业链两端的研发设计和品牌营销延伸。通过科技创新、技术进步重点要实现以下几个方面:

(1)产业综合竞争力持续增强,继续保持全国领先地位。

(2)形成纺织服装技术创新与创意设计能力;通过优势品牌带动,集群企业协作,产业链环节专业化,在国际、国内形成一批具有一定影响力的自主品牌。

(3)依靠技术创新,全面发展高档服用面料、功能性家纺面料,全力打造"西服、衬衣、时装、童装、针织服装、家纺"等系列产品品牌,争创全国驰名商标和国际性品牌,形成宁波高档纺织服装优势产业。

(4)清洁生产、绿色环保、节能减排技术方面取得重大突破。

（5）产业用纺织品、涉海纺织业作为新的经济增长点快速发展；产业用纺织品选择1~2个领域，逐步形成特色产业。涉海纺织业结合宁波海洋经济发展战略，发展与之相关的纺织服装配套产业

（6）信息技术在纺织服装企业得到泛应用，工业化、信息化"两化"深度融合；信息化技术应用接近或达到国际先进水平，推动管理和营销模式的现代化

结合宁波市纺织服装产业发展目标和产业特征，在技术层面需加强新型高科技纤维材料的开发与应用，以及新材料、新工艺、新技术、新设备的应用。如图5-1所示为产业链相关领域的重点产品及技术创新重点、需要解决的共性关键技术等。

纤维材料领域——重点研究开发新型纺织材料，提高产品附加值，包括环境友好的绿色环保纤维开发、差别化功能性纤维开发、高性能纤维开发等，同时注重废旧纺织品的回收利用；

纺织生产领域——重点新型纺织技术推广应用。纺纱领域重点发展色纺及新型纺纱技术，织造领域进一步强化针织产业的优势，发展高档针织面料；梭织面料在现有的阔幅大提花织物的基础上，发展高档梭织面料。

印染生产领域——注重节能减排、清洁生产和绿色环保。研发推广应用清洁生产的新技术、新工艺、新设备、新材料等，同时注重印染废水深度处理及中水回收利用技术。

服装生产——注重服装设计创新与商业运营模式，提高创意设计与创新能力，培育自主品牌；同时重点关注服装企业信息化集成制造系统的开发和应用以及高档西装制造技术。

产业用纺织品领域——作为一个新和经济增长点，要引起足够重视，结合宁波市产业发展的基础和特点，拓展产业用纺织品领域，如车用纺织品、医用纺织品、建筑用纺织品等，提高产业用纺织品市场占有比重。

涉海纺织领域——结合宁波市海洋经济发展战略，利用海洋生物资源开发新型纺织材料；开发涉海产业所需的各类纺织品及服装等。

信息化技术应用领域——从纺织服装的设计、工艺、生产、设备、测试、评价及销售网络体系着手，推进电子技术产业化、信息化的对接，开发推广纺织互联网技术。

科技创新与技术服务体系——建立高端人才培养基地；建立完善行业性的技术推广机制和平台，引进、消化、吸收、推广应用国内外先进纺织技术、新型材料、新

工艺等;开展产业升级发展的政策、策略研究等,提供技术支撑平台。提供利于产业发展的政策资金等软环境;开展各类行业企业标准的制订研究等。

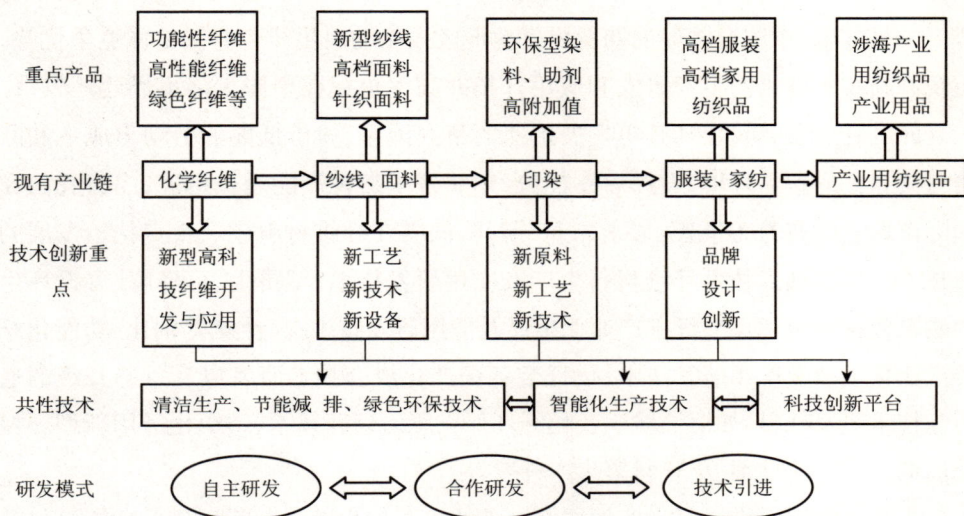

重点产品	功能性纤维 高性能纤维 绿色纤维等	新型纱线 高档面料 针织面料	环保型染料、助剂 高附加值	高档服装 高档家用 纺织品	涉海产业 用纺织品 产业用品
现有产业链	化学纤维	纱线、面料	印染	服装、家纺	产业用纺织品
技术创新重点	新型高科技纤维开发与应用	新工艺 新技术 新设备	新原料 新工艺 新技术	品牌 设计 创新	
共性技术	清洁生产、节能减　排、绿色环保技术		智能化生产技术	科技创新平台	
研发模式	自主研发		合作研发	技术引进	

宁波纺织服装产业需突破的技术创新重点和共性关键技术

三、相关领域技术发展动态及重点突破方向

(一)纤维材料"四方向"突破

材料领域全球化产业格局调整动向主要呈现四大类型:一是日、美、欧等发达国家加大高新技术研发力度,强化产品结构优化调整,进行大范围企业并购重组,在新技术、新产品、新装备研发方面全球领先。如日本在高技术纤维产业化研发上成绩卓著,目前高技术纤维的产能已占全球一半以上,垄断世界高新技术市场,尤其在碳纤维(产能约占世界 3/4)、芳纶等方面都处于领先地位。美国近年来重点在新能源、新材料、生物质工程技术等方面进行研发。美国能源部与农业部等相关部门紧密合作,全力研发,计划到 2020 年,从可再生农林资源中获得 10% 基本化学

材料,到 2050 年争取达到 50%；目前在 PLA、PDO 等生物化工产品上已实现产业化。欧洲在高性能新技术化纤等方面全球领先,重视高新技术的研发,重视安全、环保等技术法规、标准化工作。目前在 Lyocell 纤维、PLA 纤维等领域拥有技术优势。二是韩国、中国台湾等前期发展迅速地区强化纺织化纤产业链整体竞争优势,重视高新技术纤维的生产研发和应用开拓并高度重视在中国大陆市场建厂发展。三是印度、巴基斯坦、土耳其等发展迅速的新兴国家,凭借低廉的劳动力成本和欧美对其宽松的贸易环境,发挥后发优势,化纤常规品种产能增长迅速,成为我国在国际市场上的有力竞争者。"十二五"期间,国内在纤维材料领域重点扶植发展的新技术主要包括高技术纤维材料生产及应用研发技术；可再生、可降解、可循环生物质工程材料及环保型纤维产业化生产及应用研发技术；高性能差别化、功能化纤维产业化生产及应用研发技术；化纤装备国产化成套技术研发以及急待升级的通用性技术研发项目,如清洁纺织及化纤环保三废治理新技术、纺织化纤用新型环保型油剂、助剂、改性剂、染化料等生产开发等。

宁波市纺织纤维材料生产领域需突破的主要技术壁垒为新型环保功能材料开发与应用。此外,高级研发人才、研发创新技术、研究基地、工艺技术装备、信息供求链平台、标准与规范、节能减排等也成为制约该领域发展的主要瓶颈。

根据宁波市化纤工业现有基础和我国纺织服装业对化纤的需要,宁波市化纤业可在规模化、差异化、新兴材料化、生物质化四个方向上有所作为、有所突破,最终实现材料低碳、绿色经济的战略目标。重点发展关键技术方向如下:一是扩大现有聚酯和锦纶产业规模化,实现规模经营。采用新技术进一步提升聚酯和锦纶大型聚合装置技术装备水平和盈利能力,进一步降低投资,降低运行成本,提高产品档次和质量稳定性,提高综合竞争能力,并实施组建大企业和大集团战略。二是注重化纤差异化产品的开发,采用资源可循环利用的聚酯废料、废丝回用生产技术,开发超性能、超仿真的"五仿"纤维(超仿棉、超仿毛、超仿丝、超仿麻、仿真皮)、功能化纤维(高阻燃、抗熔滴、高导湿、抗静电、导电、抗菌防臭、防辐射等功能)、超细旦化纤维和复合化纤维。三是在新兴材料领域占领市场先机。加快碳纤维、芳纶、高强高模聚乙烯、聚苯硫醚等高性能纤维的产业化以及下游产业链应用研究开发。重点提高高强高模聚乙烯纤维性能质量水平,加快纤维品种系列化、功能化研发,产品多领域市场应用开发。四是拓展生物质材料开发。结合循环经济发展要求,利用农副产品、农作物废弃物、速生林材、海洋生物等资源、开发可降解、可再生的生物质纤维及生化原料。重点推进具有自主知识产权的生物材料聚羟基丁酸－戊酸酯（PHBV）的工业化生产和应用技术的开发。

（二）纺织生产"三化"发展

在纺织生产领域,国际:现代信息技术全方位渗透到纺织服装生产经营的各个领域,使传统的纺织产业生产、经营方式发生深刻的变革,已开始逐步进入数字纺织时代;高性能纤维、功能性纤维、智能纤维层出不穷,纺织产品的性能进一步改善,纺织产品的应用领域不断扩大,高科技纤维材料成为引导纺织产业发展的新潮流和纺织产业新的增长点;机电一体化的纺机技术快速发展,智能化的高速、高产、高效的新型设备大大改善纺织产品的性能,提高纺织生产能力。同时,复合技术的广泛应用,通过交织、混纺、多功能整理等复合手段,改善织物的表面性能、加工性能和使用性能,提升产品附加值,并给纺织品带来增值空间;欧、美、日发达国家的纺织服装产业重点发展高技术、高附加值的新型纤维、染整新技术、高档面料,牢牢地掌握研发与设计等关键环节,将中低档加工技术与生产能力转移到发展中国家,在全球范围内实行纺织产业价值链的优化和整合,实现世界纺织服装产业梯度转移。

国内:随着纺纱技术的进步,传统的棉、毛、麻、绢纤维的纺纱工艺相互交融,使各纺纱行业技术水平得到提高。在纺织技术上,国产纺机的制造技术水平有了显著的提高,尤其是在发展成套化、连续化与智能化技术及机电一体化程度上有了明显进步,过去靠进口的清梳联、自调匀整并条机、高性能精梳机及自动络筒机等,由于国产设备的技术性能提高与国外设备差距在缩小,已可逐步替代进口。同时,紧密纺、喷气、涡流纺、嵌入纺等新技术的应用,使纱线产品种类更加丰富,天然纤维纺纱支数大大提高,纱线质量显著提高。在机织技术方面,无梭织机的比例有较大提高,约有70%的织物由无梭织机生产,先进的织造设备大大提高纺织面料的质量和功能化水平。新型电子提花装置和纺织品设计 CAD 的大量应用,多种纤维的混纺交织以及织物结构的创新,极大地丰富了纺织面料的品种。并且,绿色环保生产技术开发和应用取得了一定的进展。在针织技术方面:近年来,新型和特种针织原料的不断问世与应用,人们对结构与功能新颖的服用、装饰用和产业用针织产品的多元化要求,以及电子、计算机、信息技术的飞速发展,促进了针织工艺技术的不断革新,并且使针织机械设备在设计、加工与制造水平等方面日益提高。针织技术水平不断优化,提高了原料的适应性。采用电子和计算机技术进行自动控制的有关装置和机电一体化的针织设备以及可进行全成型和织可穿的整体针织加工技术与机械不断成熟,具有多功能、可变换、高效率的针织机械得到发展。但从总体上看,目前国内生产的纺织机械故障发生率高,精度不高,生产不稳定,只能满足国内生产需求。其原因是原创力不足,缺乏自主知识产权,处在仿制国外纺织机械的阶段,约落后国外纺机发展15年,先进纺织机械几乎全靠进口,受国外生产企业的控制。因此,如何加强纺织技术自主知识产权研发,鼓励企业创新,摆脱对国外企业对我国纺织技术市场的控制是关系我国纺织业长期发展的关键。

结合宁波情况,在纺织生产领域需要突破的技术壁垒包括新的纺纱、机织、针织工艺技术与装备;纱线及机织、针织产品设计技术;机织、针织产品设计与制造的衔接技术;纺织生产过程节能减排技术;环保浆料及清洁上浆技术;数码纺织技术;纺纱与机织、针织织造生产质量在线控制技术;研发人才与研发基地。纺织领域在原有优势基础上通过天然纤维的精细化加工以及新型化学纤维的应用,拓宽传统棉纺织领域,打破棉纺和毛纺、绢纺、麻纺的技术局限;改进技术与工艺,不断提升产品研发和技术创新能力,通过提高产品设计水平和艺术含量,增强产品的市场竞争力。重点关键技术以纤维为突破口,通过优化组合设计进一步提高色纺纱的产品附加值,提升色纺纱的市场竞争力。综合棉、毛、麻、丝及化纤纤维的性能优势,向三化发展,即原料多样化、品种系列化、产品高档化发展。同时,以市场为导向,以新型纱线为核心,通过集成创新、技术改造和工艺创新,打造特色纺织产业链。发展紧密纺技术和喷气涡流纺技术等新型纺织技术,进一步应用数控织机、数码纺织、CAD(计算机辅助设计)等先进设备和技术,并加大纺织新纤维的应用,为纺织产业的不断创新提供巨大的科技动力,推动纺织产业向更高层次发展。在针织领域进一步提升针织产品的技术水平,加强产品的创新力度,拓宽原料的适用范围,加大改性天然纤维和人造纤维新品种的应用,提高产品附加值;利用设计与工艺技术结合,实现传统服用针织产品向时尚休闲针织产品方向拓展,达到优质面料和高档成衣的要求,同时拓展产业用针织品领域,打造为新型能源、清洁能源建设以及高新技术提供服务的针织业。

(三)印染向技术、资本密集型转型

该领域国外先进国家印染行业已从过去的粗放型、劳动密集型产业向技术密

集型、资本密集型方向转变,行业竞争已围绕着资源利用、生态平衡、成本控制等主题而展开;自动化、电脑程序控制,利用各种高新技术加强工艺过程的监测和先进的辅助生产手段已被推广使用;印染技术、工艺、设备和助剂等各方面已积极朝生态化、资源化、科技化等方向发展。印染技术主要以适应新型纤维为主,重点发展纯天然纤维纺织面料的各种特殊后整理技术,多种纤维混纺交织面料的复合染整技术,新型化纤(如 Tencel、Lycra 等)面料的染整工艺技术,环保品质面料的"绿色"染整工程技术;印染工艺主要从节能减排、持续生产的角度出发,重点向各种高效、低耗、环保工艺发展;印染设备主要从产品加工的适应性,以经济性和生态最佳化为目标,注重计算机控制、自动化和系统机电一体化;印染染料及助剂主要从环保、绿色出发,重点向各种符合节能减排的新型染料及助剂方向发展。

Oeko - Tex Standard 100、欧盟的生态标签(Eco - label)生态纺织品标准、欧盟新化学品法规 REACH 中的 2002/371/EC 法规(欧盟判断纺织品生态标签的新标准)对生产工艺、设备、原材料、资源消耗、污染物产生指标、生态纺织品和环境管理等各个方面提出了新的更加严格的要求。这些对我国印染产品的出口造成绿色贸易壁垒,宁波纺织印染业要突破绿色贸易壁垒,在纺织服装染整工艺技术、纺织服装染整助剂开发与应用技术、纺织服装染整在线监测与控制技术、纺织服装染整废水处理与回用技术、纺织服装染整能源回收利用技术等关键技术方面有所作为。

(四)服装实现柔性智造、精益生产

国际上,第一,服装消费市场层级严重分化。高端市场受追捧,低端市场以价格和快速营销赢得市场,中端市场正在萎缩。随着折扣等营销方式的不断升级,服装市场两极分化日益激烈。服装营销策略和手段日益重要。第二,品牌扩张正在进行。纵向扩张,如优衣库、黛安芬,丰富单品类服装尺寸,以提高覆盖人群;横向扩张,如 H&M,商品品类丰富,从男、女、童装扩展到服饰鞋帽、化妆品等。品牌意识渗入人们生活的方方面面。第三,现代信息技术全方位渗透到服装设计、生产、经营的各个领域,使传统的服装产业设计、生产、经营方式发生深刻的变革,已开始逐步进入快速时尚、柔性智造、精益生产的新时代。这类技术使服装流行周期大大缩短,丰富了服装市场的产品,却使商品竞争日益白热化。第四,欧、美、日发达国家的服装产业重点发展高附加值的技术研发与设计等关键环节,将附加值较低的加工与生产转移到发展中国家,在全球范围内实行产业价值链的优化和整合,实现

世界服装产业梯度转移。

国内,服装业加工制造技术日益成熟,生产能力逐步提高。但同质化竞争严重,生产能力趋于饱和,加上国家政策的宏观调控,使得原本产业发达地区的产业优势正在逐渐丧失。生产加工企业正在面临一场严峻的洗牌兼并产业调整过程。宁波地区是男装产业集群地,在职业制服(西服、衬衫)生产技术和生产能力居全国领先;针织服装产量全国第一;男装品牌方面有突出优势。但产业链不够完整,上游供应环节在宁波空缺。因此,提升服装高技术、高附加值的研发创新与设计创意能力,是宁波服装行业从做大到做强升级转型的关键。因此,在该领域拟解决的关键技术是以品牌开发为重点,以设计开发和高附加值技术研发为抓手,以精益化生产技术和终端营销战略调整为路径,开创宁波文化创意平台,进一步提升宁波服装产业创新水平,推动产业转型。需要在时尚文化与生活方式研究应用、流行趋势研究与应用、消费市场与时尚产业研究应用、市场发现与品牌策划技术、时尚产品策划与实施、时尚服装产业政策研究和应用、时尚快速反应智造体系和精益生产模式创建、时尚个性营销体系的创建与创新、服装科技创新与文化创意基地或平台的建设、时尚电子商务规范和创新、服装物流和产业供应链整合、品牌运营中高端人才培养与产业研发基地培育、国际服装产业转移趋势研究与预测等方面有所作为。

(五)产业用纺织品发展纺织复合材料

产业用纺织品是跨行业多学科交叉研究、开发和应用的成果,其应用范围已扩大到航天、航空、国防、水利、农业、交通、医疗等众多产业领域,如高性能纤维中的芳纶、碳纤维已大量用于飞机的结构材料;以碳纤维织物为骨架制成的复合材料已用于航天器、火箭、洲际导弹的隔热材料;芳纶和超高分子量聚乙烯纤维用于防弹衣和防弹钢盔的制备;锦纶、涤纶绸用作降落伞和轮胎帘子布;涤纶和玻璃纤维的涂层织物用于大型建筑体育场、展览馆的屋顶材料;抗静电织物用于电子信息工业;阻燃织物用于钢铁工业和消防站等单位的工作防护服;丙纶、涤纶非织造材料用于农业、土工、水路、高速公路以及医疗卫生领域;汽车用纺织品迅速发展;医用敷料的增长率越来越引人注目。市场对产业用纺织品的需求,也极大地丰富了传统纺织品的概念和内涵,是产业用纺织品成为国民经济建设不可缺少的重要材料。

非织造技术近年来发展迅猛,已经成为产业用纺织品领域越来越重要的一部分。传统的非织造技术(针刺、水刺、纺粘、熔喷等)正朝着大规模、高速度、高质量方向发展;两种或几种非织造技术组合开发非织造布的新性能和新应用领域已经成为一种新趋势,例如纺粘和水刺技术结合生产的非织造布手感柔软,适合医用纺织品对舒适性的要求。随着纺织纤维在高性能纺织复合材料领域应用的发展和纳米纤维技术的不断进步,功能性、高附加值的纳米复合材料正在得到越来越深入的应用研究和开发使用。此外,新兴的纳米技术以及功能性后整理技术和智能技术将会为纺织工业生产多种具有高附加值的产业用纺织品提供强有力的工具。

　　未来产业用纺织品将以新能源、建筑交通、医疗卫生、环境保护等领域应用为重点。技术研发重点发展纺织复合材料,使用碳纤维及超高强高模聚乙烯纤维等高性能纤维,采用织造及非织造技术及相关整理技术,综合运用复合、纳米等高新技术发展差别化、功能化和高性能纤维及各类产业用纺织品,生产具有环境友好、能耗低、高性能、多功能等优势的新型复合材料、膜结构材料、土工合成材料、轻质高强材料、新型篷盖材料及网类、管状类、多层结构类、成型类产品,同时为新型能源、清洁能源建设等新兴产业提供服务。

(六)涉海纺织开发海洋新材料新纤维

　　海洋用纺织品(Marine Textie)是随着国家将海洋经济发展提到一个新的战略高度后一个快速增长的领域。2011年2月国务院正式批复《浙江海洋经济发展示范区规划》,使浙江海洋经济发展上升为国家战略。同年4月宁波市政府制订《宁波市海洋经济发展规划》,突破传统海洋渔业的范畴,发展海洋油气业、滨海旅游业、海洋渔业、海洋交通运输业、临港产业五大支柱产业。与此相关在海洋开发中还会形成许多新的发展领域,这些领域都涉及大量的纤维材料及其制品,因此海洋开发也对纺织服装产业提出新的需求。

　　在宁波海洋产业扶持发展的新型产业中,与纺织产业相关的行业众多,包括清洁能源的海岛和近海风能、潮汐能、生物质能等新能源用纺织品及复合材料。海洋生物制品产业用纺织品。海洋生物育种及健康养殖产业用纺织品。高端远洋捕捞业和海产品精深加工用篷盖布、帆布;船用绳、缆等,海水综合利用中的海水淡化纺织结构过滤材料。海洋新材料新纤维等。该领域发展的重点:一是充分利用海洋生物资源,开发生物质纤维新材料及新型纺织生产助剂。二是针对海洋的特殊环境要求开发涉海功能性纤维材料。三是开发应用海洋用纺织品。需要突破的关键技术主要包括新材料的开发技术,海洋质材料的研发技术,高性能纤维材料的开发技术,复杂结构纤维集合体的成型技术,纤维增强复合材料的生产技术,大型海上用复合材料的成型技术,多孔材料及膜的研究,涉海纺织产品的开发技术等。

(七)信息技术智能化、网络化

美国、日本、欧盟、韩国以及中国台湾和中国香港地区生产型纺织服装企业广泛信息化技术,实现了大多数生产数据和工艺参数的自动监测、自动控制和计算机管理系统网络,大大提高企业的生产效率,降低企业的能源消耗。如一个全自动的纺纱车间,万锭用工仅为 30 人(目前国内最先进的约需 60～70 人)。在管理上信息化技术的应用缩短了产品设计生产周期,加快资金周转及市场快速反应。如德国 Otten 毛纺织厂使用信息化技术对工厂的销售、生产计划、调度、库存、采购、发货以及财务进行一体化管理,利润可以提高 5%。服装 CAD、CAM 等产品研发设计数字化技术得到了普遍应用。

在宁波,越来越多的纺织服装企业意识到信息化技术应用在企业发展中的作用。从最初的财务软件、办公软件,到现在的企业资源计划(ERP),产品数据管理(PDM),客户关系管理(CRM),人力资源(HR)等概念已经深入到企业决策层的理念之中。雅戈尔集团股份有限公司为了实现对雅戈尔的信息化建设的管理,与中科院合作成立了中雅软件有限公司。在实施信息化过程中还探索出了一套新的理论—"酒杯模型"理论,为传统的大型服装制造企业提供了良好的借鉴。随着服装企业纷纷把眼光瞄准国内市场,电子商务在宁波纺织服装企业中越来越受到重视。雅戈尔、博洋、唐狮、太平鸟、杉杉、洛兹、GXG 等纺织服装企业都涉足电子商务,并取得良好的业绩。

就整体而言,宁波纺织服装企业信息化技术的应用仍面临着很多带有普遍性的问题。宁波纺织服装产业推进信息化技术应用,促进信息化、工业化深度融合,还需突破软件适用性技术、信息化技术应用理念创新不足、复合型的高技术人才缺乏等瓶颈。在技术层面需将信息技术、自动化技术、现代管理技术与制造技术相结合,带动产品设计方法和工具的创新、企业管理模式的创新,实现产品设计制造和企业管理的信息化、生产过程控制的智能化、制造装备的数控化和咨询服务的网络化,从而全面提升企业的竞争力。

（八）创新与服务"产学研"体系化

现代纺织服装技术不仅融合了材料技术、化工技术、精密机械技术、自动化技术、信息技术以及其他相关高新技术，同时也融合了文化、艺术和创意，是技术和艺术高度集成的产业，因而纺织服装产业的转型升级是一项庞大的系统工程，需要在管理、技术、产品、人才等多方面、多领域的创新和培育来增强行业自身的综合竞争力。科技创新与技术服务体系的建设作为产业提升发展的重要支撑，受到国际国内各方的高度重视。如中国香港、中国台湾、广东、福建等地都已经成立了纺织服装技术创新中心，浙江省内也由绍兴轻纺科技中心牵头，浙江理工大学、浙江大学共同参与，组建浙江省现代纺织工业研究院，在纺织科技资源整合、技术创新和服务、创意产业推动方面做了一些有益工作，促进产业的发展。

在宁波中科院材料所、兵科院宁波分院在纺织材料领域为宁波纺织服装产业发展提供支持。宁波大学、浙江纺织服装职业技术学院培养一批不同层次的人才，适应产业发展的需求。浙江纺织服装职业技术学院通过国际合作，与英国、美国、意大利、韩国、日本、中国台湾等国家和地区建立紧密的联系，为培养具有国际视野的纺织服装应用型人才做出积极的努力。宁波市先进纺织技术与服装 CAD 重点实验室在功能性纺织品开发、新型面料开发、新技术推广应用等领域也迈出可喜的一步。雅戈尔、申洲相继建立技术研发中心、测试中心，在提升产品附加值、提高产品质量等方面呈现不俗的成绩。宁波市服装协会、鄞州服装技术协会、奉化服装商会在协调全市服装企业的经济、技术和信息交流合作，增加产业集群的集体效率方面发挥了很大作用。但就总体而言，宁波纺织服装企业科技创新的意识较为薄弱，研发投入不足、人才缺乏，产业发展后劲不足、研发基础薄弱，缺乏市一级专门的纺织服装技术研发机构等问题一直存在。因此，该领域着重解决以下几方面的关键问题：

一是政府层面进一步完善相关的政策、机制，引导企业（特别中小型企业）积极开展科技创新。二是开展宁波纺织服装产业发展的战略研究，解决制约产业发展的瓶颈问题。如纺织服装品牌发展战略研究；纺织服装产业集群可持续发展战略研究；纺织服装产业生态与碳足迹研究等。三是建立并完善科技创新与技术服务平台，助推产业转型升级，如纺织服装技术转移和推广应用中心；纺织服装科技研发机构；纺织服装产业技术创新产学研合作平台等。四是建立人才培养基地，支撑产业快速发展，包括高端研发人才、高端设计人才、高端品牌策划人才、高端管理人才培养等。

第六篇

宁波纺织服装企业文化

当今世界，企业的生产经营管理活动，随着社会的进步正显示出越来越明显的文化导向性。从发达国家中的卓越企业来看，现代企业之间的竞争，已经不再仅仅是资金、技术、人才、策略的竞争，更主要的是企业文化的竞争。早在 19 世纪 70 年代，美国人就很清楚地意识到了这一点。面对日本刮起的经济旋风和势不可挡的企业竞争力对美国全球经济霸主地位所形成的强烈冲击，第 37 任美国总统尼克松曾如此提醒自己的国民："美国遇到了我们连做梦也想不到的挑战"。那是一种怎样的挑战呢？经过学习研究日本企业的成功经验，美国人最终得出了如下结论：我们的敌人不是日本人，而是企业管理文化的局限性，因为日本企业从全世界收获的利益更多地源自于它们特有的文化。基于这样的认识，1981 年，美国管理学家威廉·大内首创了"企业文化（corporate culture）"概念。之后，企业文化迅速成为各国企业竞相追逐的重要经营管理之道。人们纷纷用高贵的价值理念重组企业，用美好的精神锻造企业，用超越利益的公共品质包装企业，而由此所取得的巨大成就是任何企业通过硬性管理都难以达到的。世界 500 强企业的成功经验也无不表明，企业出类拔萃的关键是具有优秀的企业文化，它们引人注目的技术创新、制度创新和管理创新无不根植于其优秀而独特的企业文化。

在中国，随着现代公司制企业的建立和发展，企业文化在企业经营管理中的地位和作用已被越来越多的人所接受。更为可贵的是，一些成长好的企业不但有着极为深厚的文化意识，而且还自觉地将企业文化紧密地融合到了企业生产经营管理的各项活动之中。

宁波是"红帮裁缝"的诞生地。百年的服装制作经验和行业精神，给宁波"红帮人"留下了一笔宝贵的文化财富。改革开放以来，宁波的服装、纺织业迅速崛起，尤其是服装企业和服装品牌，无论在国内还是在国际上都具有了较强的竞争力，并已形成以西服、衬衫生产为龙头，集针织服装、女装、童装、皮革服装之大成的庞大产业集群。当代宁波"红帮人"在市场经济的大潮中经过多年的摸爬滚打，已经演绎了一个近乎神话的"当代红帮"传奇。

孤立地看，这些"红帮企业"的成功似乎是历史的机遇偶然造成的，但是联系起来看，这些企业的成功就不能简单地归结为历史的偶然机遇，而是某种带有历史必然性的具有恒久稳定影响力的文化造成的。这种文化就是借由红帮文化孕育、生长出来的当代红帮企业文化。

"现代管理学之父"彼得·德鲁克说："成功的企业都一个样。"这"一个样"深藏于后的意思是,成功的企业都有卓越而优秀的企业文化。在宁波,"红帮企业"正是这样的企业,它们不但做产品,而且做文化。

一、品牌文化

(一)雅戈尔的品牌战略

品牌服装业务是雅戈尔最具核心竞争力的产业,也是雅戈尔品牌最为重要的载体。35年来,雅戈尔坚持不懈地实施产业转型升级、一体化研发和营销渠道拓展,不断夯实服装行业领头羊的地位。作为"衬衫国家标准"的制订者,已然从综合实力竞争中率先跃上新一级台阶。

1997年,雅戈尔主导品牌"雅戈尔"商标被国家工商行政管理局评为"中国驰名商标"。2011年,又被世界知识产权组织、国家工商行政管理局总局授予"中国商标金奖"。主导产品衬衫、西服、西裤、夹克、领带和T恤先后入选"中国名牌产品",是中国纺织服装行业中唯一一家有六项产品入选"中国名牌"名录的企业。其中衬衫、西服的市场占有率已分别连续18年和13年位列全国第一。2012年年底,雅戈尔旗下各新兴品牌也实现了平稳发展,GY获评"宁波市知名商标"。2012年,雅戈尔获评中国纺织工业联合会发布的"2011～2012年度服装行业竞争力20强",并位列榜首。2013年,雅戈尔集团股份有限公司以第四名的成绩荣获中国质量领域最高政府性荣誉——首届中国质量奖提名奖,成为全国服装行业和宁波市唯一获此殊荣的企业。

近年来,国内市场的男装品牌数量显著增长,国外品牌大举进入,新兴品牌层出不穷,市场竞争日趋激烈。与此同时,随着电子商务的不断发展,网店销售也对传统的经销模式形成一定冲击。为有效应对愈演愈烈市场竞争和挑战,雅戈尔长期坚持以品牌服装为价值核心的经营战略,积极贯彻"时尚雅戈尔、科技雅戈尔、文化雅戈尔"的发展目标,努力以时尚设计和科技创新锻造蕴含雅戈尔文化的产品,不断打造和提升核心竞争能力,实现可持续发展。

为实现雅戈尔产品与国际一线潮流的同步接轨,雅戈尔在意大利米兰设立的工作室通过与专业设计工作室和知名服饰加工企业的合作,积极开发新的产品系列,不断提升雅戈尔产品的附加值和时尚性。与此同时,雅戈尔还以时尚的装点和信息化的科技,铺陈雅戈尔文化传递的途径。通过持续强化与大型窗口商场的战略合作,重点提升自营专卖店的品质与效益,着力优化特许加盟的发展模式,不断提升品牌形象。截至 2012 年年底,各品牌零售网点合计达到 2719 家,营业面积 54599 平方米。其中,自营网点 795 家,商场网点 1473 家,特许网点 451 家。雅戈尔还先后在北京、杭州、宁波等地开设面积超千平方米的大型旗舰店,集聚 Youngor、MAYOR、GY、Hart Schaffner Marx、汉麻世家五大品牌的产品销售,以"大店模式"带动渠道的优化提升。基于推进店铺整体布局的规范和统一提升品牌形象的需要,2012 年上半年,雅戈尔完成了装修事业部的组建工作,并通过专业水平和监管能力的强化,实现店铺装修的统一集中管理,传导雅戈尔品牌核心的文化诉求。现在,雅戈尔遍布全国的自营专卖店达 816 家,占总销售额的 44%,商场网点 1578 家,占总销售额的 40%,这两个主要渠道成为雅戈尔品牌形象的重要窗口和销售阵地,而 467 家特许加盟店以及公司总部特设的团购中心也进一步丰满了雅戈尔的销售终端。

雅戈尔先后在寸土寸金的宁波天一、北京东单、杭州武林以及上海外滩一号等地,开出大型旗舰店,树立起了形象统一、品牌集聚的地区销售的标杆,以求在渠道经营上实现重大突破,令购物者感受品牌文化的同时尽享优质服务。同时,这些旗舰将更多的担负起"体验营销"的重任。

2013 年 9 月,在雅戈尔宁波 GY 品牌旗舰店举行的"你挑选,我买单"秋装新品欣赏体验活动现场,一位年轻的消费者说:"参加 GY 的体验活动,我们寻找的是一种感觉,一种情绪上、体力上、智力上甚至精神上的共鸣"。体验是一种新渠道之下的经济提供物,远不止是简单的感受产品和服务,而是让顾客确认价值、促成信赖后自动贴近该产品,成为忠诚的客户,而旗舰店无疑是完成这一使命的优质平台。

雅戈尔杭州武林旗舰店营业面积超过 2000 平方米,有 5 个品牌专厅。在成立之后的几个月里,该店就相继推出了衬衫文化节、西服文化节、裤子节以及父亲节"为父亲送衬衫"等系列活动,通过传播西服、衬衫着装文化与消费者形成互动,并在营销活动中积极注入文化和情感体验。该店的一名工作人员说:"文化不是干巴巴的,是有血有肉有感情。旗舰店营造出了充满人文情怀的购物环境,让顾客在不知不觉中领略美、享受美。旗舰店购物的结果已不重要,重要的是它让消费者享受购物的过程。优质的产品、透亮的店堂、人性化的服务,不仅使人感受到了品牌文化,进而体验一种全新的生活。"

此外,围绕核心产品 DP 衬衫、DP 裤子的功能诉求,雅戈尔独立策划并制作完成了品牌微电影《决胜局》,并于 2013 年投放市场。《决胜局》微电影讲述了一位斯诺克球手从注重外表着装的熨帖升华到心灵深处的妥帖,最终反败为胜的故事。在这个故事中,雅戈尔主创团队将衣服的皱褶与人生的挫折进行类比,将抗皱免熨工艺与笑对人生的积极态度进行类比,从而引申出另一层含义:消除衣服的皱褶用雅戈尔 DP 抗皱免熨工艺来解决,抚平人生的"皱褶"用"笑容"来解决,最终人们找到了对付着装困境与人生困境的双重密钥。雅戈尔《决胜局》微电影不仅完成了品牌与受众在产品层面的沟通,也实现了品牌与受众在情感层面的交流,丰富了产品的内涵。契合品牌文化的营销方式,将更为全面地触及目标市场的潜在客户,满足、引导并创造顾客的个性化消费需求,推广雅戈尔的设计理念和文化价值,为雅戈尔产品的推广、文化的传承注入新的活力。

(二)太平鸟的品牌风格

太平鸟品牌以其"时尚、优雅、知性、活泼"等多元风格,受到许多消费者的喜爱。倡导时尚理念,引领时尚生活,是太平鸟的责任与使命。

在太平鸟集团有限公司董事长张江平看来,太平鸟做的不是服装,而是时尚创意,"从一拨一拨的时尚潮流中抽丝剥茧,萃取出它的本质和真意,从而进一步打造太平鸟专属的美丽'模板'"。

太平鸟女装创建于 1997 年 5 月,2001 年 9 月 23 日改组成为"宁波太平鸟时尚女装有限公司",为太平鸟集团下属子公司,以设计开发和销售太平鸟时尚女装系列产品为主营业务。2011 年因股份制改造成为太平鸟集团旗下品牌服饰业务板块的控股公司,拥有太平鸟女装、太平鸟男装、MINIPEACE、乐町、HOMEPAGE、贝斯堡等服饰品牌。

太平鸟拥有一大批具有敏锐时尚嗅觉、紧随国际流行趋势的设计师队伍。太平鸟女装主要面向 18～38 岁的都市时尚女性,每一位爱美的女性在太平鸟都可以选到适合自己的服饰。太平鸟时尚女装以打造时尚、经营时尚为主,每季的设计灵感都来源于设计师对美的感受。目前,太平鸟已入驻宁波和丰创意广场,设立服装创意设计公司,让设计团队成为时尚创意的一支先锋力量。

知性是现代女性的成熟气质,性感是有魅力女性本能的着装表达,优雅是内心成熟女性自然流露的品位。太平鸟女装正是专为具有优雅气质、充满女性魅力的顾客群体设计的品牌系列。大方得体的职业风和时尚活泼的清新风为主的太平鸟女装品牌服饰,彰显现代职业女性的成熟知性气质和活泼的迷人风采。太平鸟时尚品牌女装可以帮助更多追求美丽与时尚的女性,搭配出适合自己风格的服装,为更多人带来一种与众不同的时尚、欢乐体验。

太平鸟风尚男装(PEACEBIRD)是宁波太平鸟风尚男装有限公司旗下的品牌,隶属于太平鸟集团。既是时尚服装品牌,也是专营风尚男装的连锁零售品牌。公司成立于2001年,于2008年全线产品成功转型,现已成为全国风尚男装的领先品牌,基本覆盖全国各城市地区,包括上海、宁波、杭州、成都、重庆、合肥、武汉、苏州、山东、济南、哈尔滨、沈阳、长春、西安、南京、昆明、深圳、西安、广州等,设立超过1000家的网点,深受时尚人士的喜爱。

PEACEBIRD以品牌创新为核心竞争力,强大的设计团队为给予品牌可持续发展提供了强有力的保障。PEACEBIRD以做"中国第一时尚男装品牌"为目标,致力于打造顶尖时尚潮流。该品牌定位于年龄在23~30岁的都市时尚男士,以26~27岁为核心消费层。产品分"斯文COLLECTION"和"生活CASUAL"两大系列。

COLLECTION系列:以高级剪裁为代表,倾力打造"自信"的都市男性形象。

CASUAL系列:以多种时尚元素融合,热衷于表达"自由"的男性形象。

作为中国(大陆地区)顶尖时尚品牌之一,PPEACEBIRD坚持"活出我的闪耀"的品牌精髓,致力于让更多年轻人"发现新的自我"。通过产品塑造意在表达一种"自信、自由/Confident、Liberty",敢于追求潮流的男性形象。"LIVE YOUR LIFE, LIVE YOUR DREAM"(过着你的生活,活着你的梦想)是80后男性新贵的生活追求。自信、自由和激情是他们生活的写照,亦是他们对时尚的态度。可以说PEACEBIRD独特的定位主张把"自信、自由、激情"演绎得淋漓尽致。更加符合亚洲人体型的板型设计和更具舒适性的面料,更具人性化、独创性的裁剪工艺,使得PEACEBIRD在同类品牌中张力十足。

二、道德与责任

（一）培罗成的诚信文化

"襟怀坦白，一诺千金"，这是培罗成集团总经理陆信国做人的理念，也是培罗成人做人的道德标杆。这句话体现在企业文化上，就是讲诚信，守信用。正是诚信经营，使培罗成连年被宁波资信评估委员会评为 AAA 级资信企业的称号；正是诚信经营，使培罗成公司从一家小型企业发展为"超千万元纳税大户"，并成为中国西服著名品牌，名列服装行业双百强。2002 年培罗成被选入宁波市首批诚信企业行列。科学家阿基米德有句名言：给我一个支点，我可以撬动整个地球。对于企业来说，这个极具效能的支点就是"诚信"。一直希望走在中国男装前列的培罗成人，通过全方位的诚信经营，运用这个极具效能的"诚信"支点，使一个仅靠千元起家的加工服装厂蜕变为拥有"中国驰名商标"的知名品牌，正是"诚信"扛起了培罗成的品牌大旗。

古人云："人无信则不立。"，诚信经营也是企业的重要竞争力。培罗成素以品牌美德塑造人，每时每刻都在注重和追求一种商业规范和品行。从当年史利英"做事之前先做人"的公司行业规范，到如今陆信国的"诚信"服务之道，商业道德时时体现在品牌文化之中。把现代经济的时尚内涵和消费心理与服务的真诚原则结合起来，不仅使如今的培罗成有很高的美誉度，而且积累了很高的信用度。

培罗成对诚信的坚守是全方位的。

（1）诚信于消费者。消费者是上帝，也是评判企业诚信水平的法官。诚信于顾客，就必须向顾客提供物价相等的产品、温馨舒适的购物环境、优良高质的全程服务，使他们在消费时感到物有所值，物超所值。1995 年，培罗成做起了"一对一"量体裁衣职业装，每一件衣服都由专业人员上门对衣主进行测量。现在"培罗成"已建立起最具特色的量体裁衣等品牌专业服务管理体系。"培罗成"在现有专卖网络中，在专业团体服装业务中，尤其在各个区域性专卖旗舰店中，都设有量身定制服务。在专业团体服装业务中，公司有 100 多人的量体服务技术队。现在，这支队伍的成员已从原来的裁衣工人逐步更新为专业大学生。这支队伍曾去过拉萨，到过尼泊尔边境的山区，经历过最艰苦的环境，是一支经受得住磨炼的队伍，也是培罗成的技术骨干，再远的业务距离，再多层的业务关系，他们都会进行面对面的诚信服务。

（2）诚信于合作伙伴。在培罗成，不仅要对每一个普通的消费者诚实守信，对大大小小的合作伙伴也要诚实守信，同时还要尊重对方，把严质量关。为保障消费者权益，培罗成建立了质量售后服务跟踪体系，并率先在同行业中通过了ISO9002质量体系认证，历年来都被宁波资信评估委员会评为AAA级资信企业。培罗成西服系列也成为中国消费者协会推荐商品、浙江省著名商标、浙江名牌企业。市场经济其实是信用经济，企业只有以诚信为本才能获得各方面的支持。正是由于诚信重诺，培罗成在1994年改制的时候才得到了鄞县信用联社的全力支持，使培罗成免除了资金方面的后顾之忧。因此，对于培罗成来说，信用就是资本，而且是一笔极有价值的无形资产。20多年来，培罗成与合作方从来没有发生过一起违约事件，为公司按国际标准化管理打下了坚实的基础。

（3）诚信于员工。培罗成创始人史利英经常劝谕自己的同行："办企业的人，要牢记是员工创造了这个企业"。员工是企业的财富，就培罗成内部而言，诚信经营首先就体现在企业与员工之间利益关系的均衡性上。具体地讲，就是体现在企业对员工的收入、福利待遇及企业文化等诸方面要求的满足上。培罗成早在1994年就办起了"培罗成幼儿园"，为职工子女入托解决了后顾之忧；曾先后三次出资为职工建造住宅，供职工以优惠价购买，解决了职工住房难问题；2001年又建起了可容纳上千人同时就餐的宽敞明亮的职工食堂，为职工提供了良好的用餐环境；公司还积极响应国家政策，为职工办理了养老保险；职工独生子女每月可享受独生子女津贴费，等等。正是公司以诚待人的态度，大大提高了员工的凝聚力和创造力，员工也以主人翁的态度对待企业。服装业的季节性加班非常突出，近年来生产任务饱满，为了赶交货期，职工经常要加班加点，但是为了企业的利益，他们毫无怨言，把工作放到了第一位。员工的敬业精神与企业的以诚相待是分不开的。

（4）诚信于社会。企业是参天大树，社会是千尺沃壤，企业的壮大离不开社会的滋养。因此企业理应饮水思源，诚信于社会，重视企业社会责任，牢记"达则兼济天下"的古训，把"奉献事业、造福人民、回报社会"当作企业的核心价值理念，做有道德的企业。培罗成在获取利润的同时，总是以一颗感恩的心回馈员工和社会。

培罗成在为员工谋福利的同时,也热心于做社会公益,至今公益投入已达数千万元。培罗成对组织责任的承担方式体现了新红帮的优秀特质,代表了新红帮的主流,向社会传递的是一种正能量。

(二)博洋的幸福文化

企业的社会责任到底是生产利润还是生产幸福? 这是企业社会角色的经典难题,然而在博洋家纺这完全不是问题。因为在博洋,人们既生产利润,也生产幸福。博洋家纺作为家纺行业的领导品牌,一直秉承幸福文化。博洋家纺深信,有幸福的员工,才能拥有幸福的文化,并把幸福传递给千家万户。在博洋企业里,每一位员工都可以感知到这种润物细无声的幸福。

(1)端午节。自制香袋赠同事,体验、弘扬民族风俗文化的同时,也传递出同事间的和睦友好和浓浓情意。

(2)母亲节。博洋家纺员工的每一位母亲都能收到一份公司为她们准备的高档套件及祝福卡片,公司代表忙碌中的员工向他们的母亲表达了一份最好的孝心,因为公司认为员工父母应该体验子女们创造的产品。

(3)"三八"妇女节。博洋家纺的女人们都能收到一份浪漫的芬芳和品味——DIOR 香水及双立人餐具,这让博洋的女人们明白自己即是美丽的代言人和时尚的引领者,又是家庭里称职的主妇或子女,同时,优秀品牌的员工就要用优秀品牌的产品。

(4)员工生日。过生日的员工会收到一份写满祝福的贺卡,这是每一位同仁亲笔写下的祝福和心意,另外公司还会为当月过生日的员工组织一次旅游,让同事间更多地交流、互动,在幸福中学会感恩。

(5)户外郊游。针对外地员工多的情况,为了让外地员工了解宁波,爱在宁波,公司会在宁波周边组织各种放松心情的郊游,如"放飞心情,感受幸福,博洋家纺集体东钱湖欢乐游"活动,让参加游玩的博洋人拥有一份美好的留恋和记忆。

(6)健康体检。公司始终将员工的健康放在首位,也让员工关注自己的健康。

(7)员工结婚大礼包。博洋家纺制造的是幸福的产品,传递的也是幸福的生活方式。博洋的每一位新人都可以获得高端品质的博洋家纺产品,他们既是幸福产品的体验者,更学会了将幸福用心经营一辈子。

(8)雏鹰行动。新入职的博洋新人,有专职帮带导师,定期做心理疏导和长期动向跟踪,他们不但能在博洋的校园里快乐地成长,而且在为公司奉献新生力量的同时,撒播下幸福的种子。

(9)新员工参加观影活动。让员工与员工之间有一种良好的生活和工作互动,让新员工更快融入博洋这个幸福的大家庭。

(10)内部竞聘。博洋家纺帮助每一位员工进行良好的职业规划和晋升机会,有很多管理人员就是从内部竞选中晋升上来的。博洋给予所有的人一个事业发展的舞台,员工们特别珍惜这份给予和获得,也更加努力地创造价值,并对未来充满期待。

(11)24小时回复的执行文化。首问责任制度的服务文化,都是博洋人在幸福文化大环境下的工作准则,体现了博洋人兢兢业业、认真执着的工作作风。

(12)幸福使者征集活动。通过微博、微信、杂志等媒介征集幸福使者,让博洋人、博洋顾客、博洋的关注者一起传递幸福,感受幸福。

以上这些都是博洋家纺幸福文化的重要组成部分。将幸福文化建设融进员工的意识,让员工参与体验的同时将幸福文化传递出去,是每一个博洋人的使命,每一个博洋人都是幸福的使者。幸福文化是博洋家纺企业文化的核心文化,也是以人为本价值理念的最好体现。

三、学习与创新

(一)学习型组织太平鸟

"学习型组织——五项修炼"是当代管理大师彼得·圣吉(美国人)推出的一套完整的新型企业管理方法,被称为"21世纪的管理圣经"。他提出了"五项修炼":一是自我超越;二是改善心智模式;三是建立共同愿景;四是团队学习;五是系统思考。所谓学习型组织就是把学习者与工作系统、持续地结合起来,以支持组织在个人、工作团队及整个组织系统三个层次上的含义。

宁波的纺织服装企业以民营企业为主,而建立学习型组织对民营纺织服装企业而言更为重要。目前,国际国内市场风云变幻,服装设计理念、制造技术日新月异,企业生存压力非常大,如果企业不善于学习,不善于跟随环境的变化,就会被淘汰。一个有效的应对之策就是建立学习型组织,来培养人的学习能力,并使之自觉地学习。每一个员工要将学习和工作融合在一起,作为企业文化奠基者的企业家,更要不断地提高自己的学习能力,改善自己的知识结构、工作作风和思想观念,这对带动企业的发展具有重要意义。

太平鸟非常重视创建学习型组织,培育有创新能力的文化型企业。基于"当前企业的竞争是文化的竞争,文化的竞争是知识和创新能力的竞争"思想,集团专门成立了"太平鸟知识经济教育中心",全面加强企业的学习和培训工作。如开设午间电教课堂,安排新经济和现代管理教育课程讲座;各公司分别制订并实施营销、设计、生产管理、店务等专项培训计划,对员工定期进行业务培训;每年组织一次为期一周的中高层管理人员集中培训活动;主管以上业务管理人员年终考核除上交工作总结外,还要提交一篇创新管理业务小论文作为考核依据。这些做法在企业内营造了一种"在工作中学习、在学习中工作"的良好氛围。

为加强领导班子的思想理论建设,提高知识创新能力,太平鸟集团还建立了领导班子务虚学习会制度,定期(一月一次)以各种方式讨论交流经济政治形势,学习国家重要经济政策,研讨有关发展和创新思路;建立理论知识资料传阅制度,规定从董事长开始,每个领导班子成员每年至少给员工作一次学术报告或专题讲座;集团建立了战略管理委员会,以领导班子为核心,扩大有关负责人和专业人才,定期开展战略发展的研究、讨论活动。

太平鸟虽然不是国企,更不是中央直属企业,但对思想政治的宣传教育和学习培训却极为重视。很多民营企业在党建工作这一块十分薄弱,一个主要原因是党在基层的宣传、培训工作做得不够,群众不了解,不知情,群众对党有一定的疏远感,甚至隔膜感。为了避免出现这种情况,太平鸟集团特别突出强调企业在党建方面的宣传、学习、培训工作。

(1)探索建立了集团党校。几年来,集团党校以党员、入党积极分子和主管以上干部为重点,面向全体员工开展规范的党课教学,坚持做到"一月一课、一月一册、一月一测、半年一次集训",积极宣传党的路线、方针、政策,讲授党的基本知识、基本理论,教育员工树立坚定的政治信念,爱岗敬业,遵纪守法,勇于进取。

(2)针对时事热点开展生动活泼的座谈会、讨论会。

(3)构建宣传阵地网络,在企业报、企业网、企业宣传栏中,开辟党建和政治思想工作专栏。精彩的内容和生动活泼的形式吸引了广大员工踊跃参加党课学习和研讨活动。

通过学习培训,员工的政治思想素质和职业道德素质有了很大的提高。

(二)创新型组织博洋

作为家纺概念的提出者和国内家纺市场的开拓者,宁波博洋纺织有限公司不仅做大了家纺品牌,创造了一个规模庞大的服饰品牌军团。博洋从1995年开始走自主品牌之路,现在旗下拥有10个家纺类和服饰类品牌,拥有2000余家品牌专卖店、3000余家销售网点,且连续多年保持50%以上的高位增长。

博洋坚持走自己熟悉的纺织品、服装类的品牌之路,哪怕是后来多元化经营涉足的各项投资领域也是围绕品牌经营的上、下游产业,为企业品牌的长远发展规避风险。博洋是专注的,并且善于研究行业发展的新模式,积极探索企业的创新发展之路。

1. 品牌创新,实施多品牌战略

博洋的多品牌战略是基于需求的多样性而发展的。原因很简单:不同的人,在不同时间、地点,希望选择不同的产品。不同消费能力、不同教育背景的人群有不同的价值观念、不同的生活方式,导致了需求和价值判断的千差万别。这种同一产业存在不同细分市场的事实为多品牌战略奠定了基础。

博洋在服饰领域推出的6个品牌,以不同的定位,横向、纵向地覆盖整个市场,而不是仅仅以高、中、低档三个品牌介入,并且未来将有更多的品牌推出,充分地占领服饰行业细分市场。

在家纺领域,博洋旗下的"BE 鄹 YOND(博洋家纺)"品牌代表的是最大众的高品质、多样化、中等价位的家纺品牌;"CODODO(棉朵)"则以自然花卉为基本元素,满足的是浪漫、田园风格的消费需求;"HIPPNER(喜布诺)"代表的是高品质的专业睡眠用品,时尚、简约风格和更人性化的中高端产品;"IOWILL(艾维)"则是满足标准化、多样化,面向商场和超市的家纺类品牌。

2. 是经营创新,立志做服装业的可口可乐

在宁波这个服装大市,博洋旗下的唐狮品牌能够迅速崛起,再次印证了创新对一个品牌有多么重要。

(1)唐狮给宁波服装业带来的创新是革命性的。它的虚拟化经营彻底摆脱了

传统服装企业高投资、高风险、低效率的老路子；它的全面特许加盟形式最大限度地发挥了社会经营力量的作用，也让加盟商有最佳效益；它给职业品牌经理人以良好的创业氛围，使服装职业人才在宁波开始集聚。

（2）唐狮的规模经营可以用几个简单的数字来说明。唐狮在全国开设有1000多家专卖场和加盟店，年销售服饰量在2600万件以上，是目前宁波服装企业中销售服饰数量最大的品牌。唐狮的目标是：做中国服装业的"可口可乐"。

3. 管理创新，保证品牌有序高效运作

随着品牌与子公司的增多，博洋公司也面临着挑战。为防止出现职责不分、品牌界线模糊、形象混乱甚至导致品牌资产流失，博洋适时进行企业变革，为适应品牌长远的成长战略，建立了相应的职能机构。品牌公司被视为独立的事业体，负责品牌的拓展与正常的运转；采购平台掌握充足的社会资源，为各品牌提供服务；信息中心通过不断的技术创新，承担企业运营的数据化服务，提高企业的决策速度；品牌运管部门则对品牌的定位、形象体系以及品牌推广进行监督与管理。合理的组织构架保证了品牌有序、高效地运作。

对博洋旗下的每个子品牌来说，其背后有一个大型的成功母体，这个母体的核心是，"博洋文化"。"博洋文化"不是由某个品牌战略公司来提炼赋予的，而是十多年来，在博洋创始人及一批核心管理人员的影响下，建立的一种上下共识的价值观——"和亲一致，创新进取"。首先博洋强调亲和、友善，倡导快乐、融洽的工作环境，每份工作都应被尊重，尊重员工的工作业绩与个人的创造能力，鼓励思索与创新。博洋文化鼓励创业，也积极提供创业平台。富有活力的企业文化为品牌提供了精神动力。

4. 商业创新，打造品牌商业新模式

在宁波，一场由工业资本向商业资本渗透的经营变革在数年前已悄然兴起。从2004年开始，博洋纺织有限公司又独创性地提出了品牌商业经营思路，斥资数亿元并购、新建大型百货商业，还以管理输出的模式间接控制商业终端，开始了进军百货业的计划。

博洋进军百货业主要基于两点考虑：一是利用这些终端市场巩固和开拓博洋已有的家纺、服装系列品牌的市场空间，开拓二线城市和乡镇市场；二是利用传统百货业升级和变革的机会，打造博洋独有的"品牌商业模式"。博洋正在实施一项"品牌商业模式"计划，用于整合和改造传统百货业。按照计划，博洋收购、整合或新建的每一个大型商场都将成为一个个性化的品牌商场,强调差异化经营。博洋根据每个商场所在城市的特点和需求,设立独立品牌,而不是搞基本类似的连锁商业。目前,除已经开业的 3 家大型百货商场外,博洋还将建设和拥有更多的大型百货商场。

四、健康与自然服装文化理念

(一)崇尚健康环保的雅戈尔服装

在产品研发方面,雅戈尔有效整合了生产企业、营销公司和品牌事业部的资源优势,以市场调研反馈和历史数据分析为基础,以国内外科研院所和同行为合作伙伴,建立了完整的产品研发和技术创新体系。通过小型垂直产业链的运作模式,积极应用新材料、新技术和新理念,不断强化以 DP、抗皱、汉麻等功能性产品为核心的系列化开发和技术升级。

在第十七届宁波国际服装节上,雅戈尔一改以往多品牌集中展示的方式,以大气简洁的形式展示了技术创新的杰出成果——由大麻做原材料的汉麻服饰和汉麻世家床品,以及采用全球顶尖精水洗工艺的全新水洗衬衫产品。

汉麻纤维是一种新材料,具有吸湿、透气、防辐射等健康自然特性,汉麻仿生科技历时近十年已日臻成熟,汉麻产品穿起来吸湿排汗,既清爽又休闲。水洗技术是一种新工艺,雅戈尔吸收创新后推出的水洗衬衫清新自然穿着柔软舒适。拥有这两大优势,意味着雅戈尔已经有能力打造"会呼吸的服装"。

在男装一号馆,雅戈尔在最大的展厅引领消费者"回归自然,呼吸自然",展厅背景是绿色森林、瀑布,带着观者一起置身自然体验自由的感觉。一位熟悉市场的商场人士认为,现在人们除了追求时尚美感,更多地开始关注健康环保自然的生活方式,雅戈尔紧紧地将市场需求与自身的优势结合在了一起。目前,麻类产品和水洗产品等非常受欢迎,市场需求引导下,国内市场上很多品牌也都转向麻类产品开发,而雅戈尔自 2003 年开始发展汉麻产业化,掌控了从种植、纤维加工、面料研发到产品品牌的全产业链。也是在这样的条件下,雅戈尔主品牌也将汉麻系列服饰的开发作为一个重点,展厅的主体位置展示了雅戈尔百余件应用汉麻材料的各类服饰。

在多年尝试之后,汉麻世家品牌转向专注床品开发,一直坚持原创设计和自然、清新风格,通过最自然原本的功能带来健康环保的生活体验。开设大型旗舰店,进驻雅戈尔品牌旗舰店,并在今年已经开设多家以床品为主的商场专厅,商场渠道在未来将达到 100 家。

源于意大利的精水洗技术工艺是雅戈尔继 dp 免熨工艺后的又一项核心后整理技术工艺,dp 免熨让产品更挺括,雅戈尔精水洗工艺可以让产品更自然、更透气、更健康。雅戈尔拥有国内唯一的高标准水洗厂,新一季的水洗产品产品主要是商务休闲风格,保持着优雅风格。

(二)追求优雅自然的杉杉服装

杉杉一直是中国服装的旗帜。15 年前,杉杉就以《不是我,是风》时装发布会轰动全国,开启国服时代。15 年后,杉杉品牌升级,再以《不是我,是风度》的新品发布会掀起新风潮。

据介绍,新的杉杉品牌将目光瞄向了商旅精英,强调服装的自然气息,演绎优雅自然的专属风度。

在新杉杉的世界里,关注商务旅行的人文与生态,亦传递一种自然平衡的人生智慧。新杉杉不仅为中国男人剪裁高品位衣着,更注重男人精神的共鸣与灵魂的滋养,塑造中国风度先生,打造畅享自然气息的商旅传奇。

对于新杉杉而言,风度绅士是中国最具时尚魅力的男人。"他们是智者,以智慧参悟生命;用心灵感受自然和谐之美。他们是斗士,锐意进取,从容应对挑战,为梦想奋斗不止。他们是温柔真丈夫,知拼搏,更珍惜生活的至情真意。他们是社会正能量,用自己的行为准则让风度得以长久流传。"杉杉服装总经理骆叶飞表示新杉杉将为中国风度绅士提供新的修炼指南。

新杉杉的商品设计也发生了全新变化,新杉杉在延续原有品牌资产的同时,将西服作为战略品类,华丽化身为西服裁剪艺术大师,以此来带动杉杉品牌商品竞争力的提升。

在新杉杉发布的 2014 春夏新品中,杉杉借助两大系列设计使服装回归自然,呈现西服裁剪艺术。

新杉杉都市自然态西服系列,以让都市回归自然作为主题,提倡人与自然的和谐统一。该系列设计灵感来源于商旅中人文与自然生态,通过对世界旅行中精彩的异域人文、自然色彩、动植物纹样进行借鉴和应用,让更多男人在钢筋水泥之间体验到都市自然风情的美好。

新杉杉非正式的正式西服系列,则以一种最新的商务着装理念,在商务与休闲的完美契合中,让男人风度穿梭于商务旅行、休闲娱乐、庄重等各种场合之间,享受端庄得体、轻松自然的着装生活方式,塑造一种既成熟稳重,又体现个性与亲和力的全新商务男士形象。

中国服装产业正在进入新的时代,杉杉全新定义中国风度先生进行品牌差异化营销,化身西服裁剪艺术大师带来全新的商品设计,聚焦西装品类,展现以自然为核心的着装语言,在15年前引领渠道时代的辉煌后,15年后再度引领零售时代的浪潮。

五、故事与动漫

(一)讲述故事的爱尔尼男装

爱神丘比特拉开弓箭瞄准目标,彰显出一股男人的气势和魄力彰显;单膝着地的姿势传递了男人的豁达谦和。黑色背景时尚沉稳,白色LOGO简洁大气,细微之处成功塑造了男人形象! 细而亮的字体"SINCE1978"勾勒出了爱尔尼成长轨迹和闪光足迹! 有男人的地方就有爱,有爱的地方就有AIERNI!

1902年4月17日在英国北部的一个小镇一个看起来很平凡的男婴降生了,那时父母抱着他亲吻他,像天下所有父母一样,如视珍宝。当然,他们不知道这个男婴将会经历怎样传奇的一生。

那是战争年代,所以6岁的爱尔尼因为战争失去了父亲,他当然像其他失去亲人的孩子一样哭喊和痛苦,还好,他有那么爱他的一个母亲,母亲来自中国。中国给爱尔尼的最初印象是由母亲描绘出的。母亲有着中国女人所有的美德,操劳度日,抚养爱尔尼。在爱尔尼12岁时,母亲送他去学裁缝,这不是有多么光鲜耀眼的职业,但至少是自力更生,也能吃饱穿暖。母亲的愿望就这么简单!

母亲的去世对爱尔尼造成了不小的打击,要知道母亲在他生命里的重要性无人可比。爱尔尼在奋起和堕落之间选择了前者,即使是个小裁缝,也可以追求事业的顶峰。于是,爱尔尼一路拼搏过来,从店铺里学徒到出色的裁缝,从不满足的爱尔尼开始关注时尚。直到1935年,刚过而立之年的爱尔尼就拥有了自己的公司和品牌,此后爱尔尼风靡世界很多都市。

无论爱尔尼的财富有多丰富,在他心底始终有着一个愿望,那就是对母亲的思念和怀想。他知道,要实际行动,而且他有这个资本。于是爱尔尼走进了中国。他希望像爱伟大的母亲一样来爱母亲的国人,那些没能来得及送给母亲的爱都倾注在了爱尔尼身上。

爱是相互的,爱是流动的,爱是永不停止的。爱尔尼发扬光大了一个英国老年人的梦想,一代代爱尔尼人接过了爱的接力棒,继续奔跑在快速发展的社会大道上!爱尔尼,相信爱,学会爱!爱国爱家更爱她!每一件美好的事和每一个美好的人,都值得人们倾尽全力去拥有!如果拥有爱尔尼成为一种骄傲,那么希望这个世界永远骄傲下去!

(二)"博洋宝贝"和"米利鸟"嫁接动漫

1. 博洋重金拿下"喜羊羊"

2009年12月,博洋集团成立了一家下属控股子公司——宁波博洋宝贝品牌管理有限公司,研发和销售儿童系列的家纺产品和家居产品。

经过几个月的调查和谈判,宁波博洋宝贝品牌管理有限公司重金拿下了《喜羊羊与灰太狼》中多个卡通品牌形象的使用权。而成立这家子公司的目的就是要利用这一品牌形象,积极设计研发和销售包括床上用品、靠垫、地毯以及其他儿童用品在内的家纺和家居产品,目标人群定位为5~12周岁的儿童。

博洋为此支付的费用不菲,它拿到的是《喜羊羊与灰太狼》中喜羊羊、懒羊羊、灰太狼等多个卡通品牌形象3年的使用权,每年支付的使用费高达上百万元。

据了解,《喜羊羊与灰太狼》自2005年推出以来,陆续在全国近50家电视台热播,创下了近20%的高收视率,里面的卡通人物形象深受孩子喜爱,其相关产品也成了孩子们最渴望收到的礼物。

为了充分利用好这些品牌形象,博洋宝贝打破传统的产品设计理念与包装方式,不断推出能够吸引儿童的活动和全新的产品。2010 年 1 月 20 日~2 月 7 日,博洋就曾在万达广场打造近千平方米的"喜羊羊"乐园,吸引小朋友们到那里玩过关游戏,同时借此提升相关产品的影响力。

2. 米利鸟 500 万打造动画片

与博洋的做法不同,宁波米利鸟服饰有限公司选择自己打造动画片。公司投资百万元打造动画片《米利鸟的故事》,并筹建以卡通形象"米利鸟"为主要设计元素的品牌服饰专卖店。米利鸟服饰公司是鄞州区一家规模不大的服装生产企业,2010 年为了克服全球金融危机的影响,该公司收缩生产线,将低利润的加工生产环节全部外包,着力进行品牌打造。公司投资 500 万元与浙江理工大学共同打造了一部以"米利鸟"孝敬父母为题材的动画片,并将"米利鸟"这一卡通形象应用于服装生产。

公司董事长赵春华对媒体说:"米利鸟涉足动漫业,目的就是要依托文化打造品牌。如今的市场竞争,单纯依靠广告的力量已经行不通了,我们要打造一条像迪士尼一样从'动漫'到'服装'的产业链。"

传统产业如何实现转型升级,是摆在众多企业家面前的一道难题。而"携手"新兴的文化创意产业,让不少宁波企业看到了希望。博洋、米利鸟服饰的这些动作说明宁波的服装等传统产业正在积极探索嫁接动漫元素,寻求转型升级之路。目前,中国 14 岁以下的少年儿童有 3 亿人,即使平均每个人每年的消费为 100 元,那也是一个巨大的市场。中国动漫产业每年的市场空间在 200 亿元左右,而由此带动的服饰、图书、音像、玩具、游戏等动漫衍生产品的市场空间则无法估量。

六、纺织服装文化发展建议

(一)重视企业战略文化

企业要实现可持续发展,必须有一个长远的发展目标和发展规划。否则,企业的长盛不衰将只能是一种无法实现的幻想。比如当代红帮企业的佼佼者雅戈尔之所以能够从一个乡镇知青办起来的集体企业,发展到今天有着数万名员工、资产规模近500亿元的现代产业集团,原因就在于雅戈尔一直有一个非常明确的"做好自主品牌"的发展战略,同时提出了"时尚雅戈尔、科技雅戈尔、文化雅戈尔"的清晰品牌理念。也正应为如此,雅戈尔才会有今天的成功与光明的未来。由此可见,积极开展企业战略文化建设,理清工作思路,明确企业发展方向,激发员工的工作热情,对于企业的可持续发展是至关重要的。

(二)重视企业人本文化

所谓人本文化就是要重视人的价值、人的发展。人才是企业发展的宝贵资源。企业必须把人才队伍建设作为企业文化建设的一部分,通过在企业内部营造尊重人、塑造人的文化氛围,增强员工的归属感,激发员工的积极性和创造性。企业应努力搭建人才成长的平台,使全体员工增强主人翁意识,与企业同呼吸、共成长,使他们把个人发展目标同企业发展目标紧密结合在一起,自觉参与到企业的各项工作中,共同推动企业的发展。博洋集团董事长兼总经理戎巨川的下面一番话可谓真知灼见:"说实在的,许多人办企业是为了赢利,但我想,企业需要利润,就像人需要空气一样;但人不是为了空气而活,那么,企业也不仅仅为了赢利。对于博洋,企业的价值观是什么? 是以人为本。事实上,很多人都会说这个以人为本。但什么是本? 人是有欲望的,而我认为,人的最大欲望是成就事业。所以,我们的'本'就是为各种各样的人搭建舞台,让各种各样的人来唱戏,来成就事业"。如果说以人为本的企业是真正有远见的企业,那么博洋集团必定是这样的企业。

(三)重视企业社会责任

企业社会角色的经典难题是生产利润还是生产幸福? 这实际上是企业的社会责任问题。现在有些企业为富不仁,见利忘义,对他人没有同情心,对社会没有责任感,这样的企业,必将被历史的浪潮所淘汰。而有些企业却能牢记"达则兼济天下"的古训,把"奉献事业、造福人民、回报社会"当作企业的核心价值理念,做有道德的企业。在红帮企业中,培罗成便是这样的一个企业,它在获取利润的同时,总是以一颗感恩的心回馈员工和社会。培罗成创始人史利英经常劝谕自己的同行:"办企业的人,要牢记是员工创造了这个企业"。培罗成在为员工谋福利的同时,也热心于做社会公益,至今公益投入已达数千万元。培罗成对组织责任的承担方式体现了新红帮的优秀特质,代表了新红帮的主流,向社会传递的是正能量。其实,做公益这种行为也是有回报的。有媒体报道，当年从大洪水家乡来培罗成的员工，对培罗成特别的忠诚，工作也最用心。甚至有网友在论坛上说，为了培罗成热心公益，也要去买一套培罗成的西服。这对企业家们来说的确是一个重要的启示。